D1986847

bioskop 9/10

Gymnasium Niedersachsen
Aufgabenlösungen

Autor
Rüdiger Schmalz

unter Mitarbeit von
Peter Emmler
Rainer Hausfeld
Jörn Peters
Martin Ratermann
Eckhart Schröder
Wolfgang Schulenberg †
Franz Stoppel
Björn Toben

westermann

© 2016 Bildungshaus Schulbuchverlage
Westermann Schroedel Diesterweg Schöningh Winklers GmbH,
Braunschweig
www.westermann.de

Das Werk und seine Teile sind urheberrechtlich geschützt.
Jede Nutzung in anderen als den gesetzlich zugelassenen Fällen bedarf der vorherigen schriftlichen Einwilligung des Verlages.
Hinweis zu § 52a UrhG: Weder das Werk noch seine Teile dürfen ohne eine solche Einwilligung gescannt und in ein Netzwerk eingestellt werden.
Dies gilt auch für Intranets von Schulen und sonstigen Bildungseinrichtungen.
Auf verschiedenen Seiten dieses Buches befinden sich Verweise (Links) auf Internet-Adressen. Haftungshinweis: Trotz sorgfältiger inhaltlicher Kontrolle wird die Haftung für die Inhalte der externen Seiten ausgeschlossen. Für den Inhalt dieser externen Seiten sind ausschließlich deren Betreiber verantwortlich. Sollten Sie bei dem angegebenen Inhalt des Anbieters dieser Seite auf kostenpflichtige, illegale oder anstößige Inhalte treffen, so bedauern wir dies ausdrücklich und bitten Sie, uns umgehend per E-Mail davon in Kenntnis zu setzen, damit beim Nachdruck der Verweis gelöscht wird.

Druck A² / Jahr 2017
Alle Drucke der Serie A sind im Unterricht parallel verwendbar.

Redaktion: Dr. Barbara Lübben
Grafiken: Julius Ecke, www.naturstudiendesign.de; Christine Henkel, Dahmen
Satz: Satz und Grafik Partner GmbH, Meitingen

Umschlaggestaltung und Typographie: Jennifer Kirchhof
Umschlag Foto: mauritius images (Mint Images), Mittenwald
Druck und Bindung: westermann druck GmbH, Braunschweig

ISBN 978-3-14-**159622**-9

Inhaltsverzeichnis

M Aufgaben richtig verstehen

–

M Arbeiten mit Basiskonzepten

–

1 Wie entsteht Angepasstheit

1.1 Tarnen und Warnen

Blattförmige Tiere (Mimese)		Abb. 1d, 6
Evolution von Tarnung	1.	
Vorbilder und Nachahmer (Mimikry)	2.	Abb. 1a,b, 4, 5
Wirksamkeit von Tarnung	3.	Abb. 2, 4

1.

a) Die an Land lebenden Tiere (a, b, d) kommen wahrscheinlich in einem Lebensraum mit dichtem Blattwerk vor. In einem Baum voller Blätter sind sie durch ihre blattförmige Gestalt für Fressfeinde und Beutetiere kaum zu erkennen. Der blattförmige Fisch (b) kommt wahrscheinlich in flachen Gewässern vor, in denen sich heruntergefallene Blätter auf Steinen befinden. Hier ist er durch seine Form und Farbe gut getarnt.

b) Zufällig auftretende Individuen mit (leicht) blattförmiger Gestalt hatten in bestimmten Lebensräumen (z. B. Bäume mit dichtem Blattwerk) durch ihre gute Tarnung einen Überlebens- und Fortpflanzungsvorteil.

2.

a) Vorbilder sind die mäßig giftigen Schlangen. Werden mögliche Fressfeinde von ihnen gebissen, überleben sie, lernen aber, dass die Schlangen „unangenehm" sind. Die tödlich giftigen Schlangen können nicht die Vorbilder sein, weil bei den gebissenen Tieren kein Lerneffekt eintreten kann (ein Lerneffekt der Artgenossen eines gebissenen Tieres kann in der Regel vernachlässigt werden, weil die meisten Räuber einzeln leben). Die tödlich giftigen Schlangen sind also ebenso wie die ungiftigen Arten Nachahmer.

b)

	1950	1951	1952	1953
Verhältnis Vorbilder/ Nachahmer	2,3 : 1	3,28 : 1	2,71 : 1	3,01 : 1

3.

Die Tabelle zeigt, dass die gut sichtbaren Puppen zwar verhältnismäßig häufiger gefressen werden (fast 40 %), aber auch von den schlecht sichtbaren Puppen wird ein Teil (ca. 23%) von Fressfeinden gefunden und gefressen. Ob eine Puppe überlebt oder gefressen wird, hängt von mehreren Faktoren ab, zum Beispiel von der Zahl der Fressfeinde, dem

Sättigungszustand der Fressfeinde oder der Anzahl der Puppen. Auch der Zufall spielt eine große Rolle. So kann beispielsweise auch eine schlecht sichtbare Puppe von einem Fressfeind entdeckt und gefressen werden, wenn dieser zufällig an der Stelle sucht, wo die Puppe liegt. Bessere Tarnung bedeutet nicht 100 %igen Schutz, sondern dass die Wahrscheinlichkeit sinkt, gefressen zu werden.

1.2 Der Birkenspanner – Angepasstheit durch natürliche Auslese

Der Birkenspanner – eine biologische Art	
Anpasstheit durch natürliche Auslese	**1. a** Abb. 2
Dunkle und helle Birkenspanner und die Industrialisierung in England	**1. b, c** Abb. 1, 2, 4
Birkenspanner an verschiedenen Standorten	**3.** Abb. 3
Gedankenmodell zur natürlichen Auslese	**2.** Abb. 5

1.

a) *Angepasstheiten:* Merkmale eines Lebewesens, die in der Auseinandersetzung mit der Umwelt vorteilhaft sind
Fortpflanzungserfolg: Wahrscheinlichkeit eines Lebewesens, sich fortpflanzen zu können und seine Erbanlagen an die Nachkommen weiterzugeben
Natürliche Auslese (Selektion): unterschiedlicher Fortpflanzungserfolg der Individuen einer Art aufgrund unterschiedlicher Ausprägung erblicher Merkmale in Abhängigkeit von der jeweiligen Umwelt

b) In der zweiten Hälfte des 19. Jahrhunderts nahm der Anteil dunkler Birkenspanner in den Industriegebieten Englands sehr stark zu, waren es 1845 nur einige Exemplare, machten die dunklen Tiere 1895 bereits 95 % aus. Noch bis zur Mitte des 20. Jahrhunderts waren in den Industriegebieten dunkle Tiere häufiger, in ländlichen Gebieten dagegen helle Birkenspanner. Erst in der zweiten Hälfte des 20. Jahrhunderts nahm die Häufigkeit der dunklen Birkenspanner in den Industriegebieten Englands als Folge der zurückgehenden Luftverschmutzung wieder ab und liegt heute um 60 %.

c) Dunkle Tiere waren Ende des 19. Jahrhunderts in den Industriegebieten Englands auf der durch Luftverschmutzung schwarz gefärbten Borke der Bäume für Fressfeinde schlechter zu erkennen als helle Tiere. Sie hatten so einen Fortpflanzungvorteil gegenüber hellen Tieren. Dies führte dazu, dass der Anteil dunkler Tiere in dieser Zeit in den betroffenen Gebieten stark zunahm, es also zur natürlichen Selektion kam. Die dunkle Färbung der Schmetterlinge war eine Angepasstheit an diese spezielle Umwelt. Nach Abnahme der Luftverschmutzung im 20. Jahrhundert setzte die entgegenwirkende Entwicklung ein: Helle Birkenspanner waren auf der nun wieder hellen Borke der Birken gegenüber Fressfeinden besser getarnt als dunkle und dies erhöhte ihren Fortpflanzungserfolg; der Anteil heller Birkenspanner nahm wieder zu.

2.

Die Körperfarbe der Insekten ist ein erbliches Merkmal. Die Individuen der Insektenart zeigen Merkmalsunterschiede, sie haben verschiedene Farbausprägungen (oben). Hierdurch sind sie auf dem Untergrund für Fressfeinde (hier: Blaumeise) unterschiedlich gut getarnt: Helle und dunkle Individuen werden schnell entdeckt und gefressen (Mitte). Die gut getarnten mittelgrünen Individuen bleiben übrig (unten) Sie haben bessere Überlebenschancen und ihr Fortpflanzungserfolg ist erhöht. Nach einiger Zeit sind dadurch immer mehr und schließlich fast ausschließlich mittelgrüne Individuen vorhanden; es hat natürliche Auslese stattgefunden.

3.

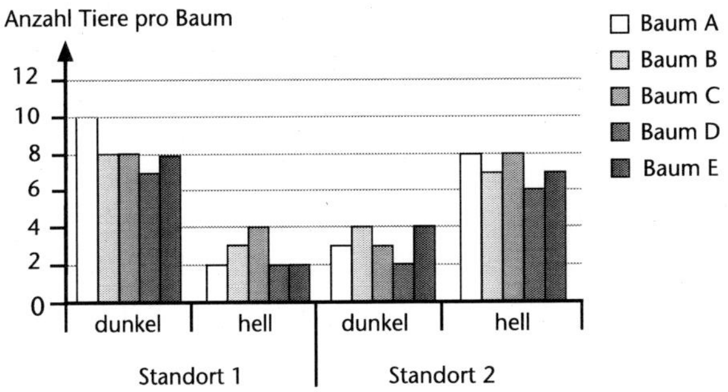

Gut lassen sich auch die Durchschnittswerte gegenüberstellen:

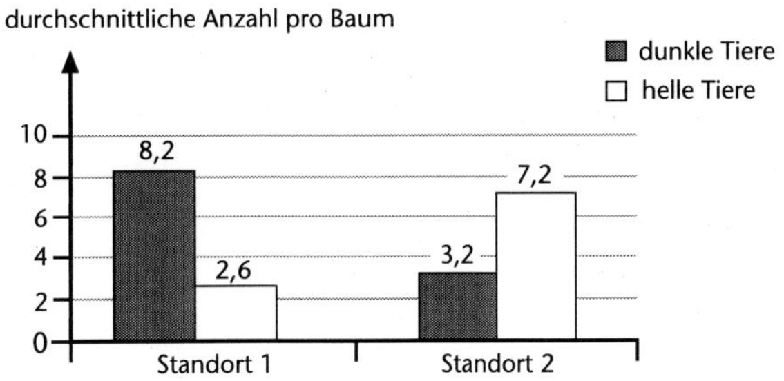

Standort 1: innerstädtisch (1956 war in den Städten so viel Ruß in der Luft, dass die Borke der Birken mit einer dunklen Schicht überzogen war. Dunkle Birkenspanner fielen hier weniger auf als helle.)
Standort 2: ländlicher Raum (bei sauberer Landluft war die Borke der Birken weiß, wie heute. Helle Birkenspanner waren hier besser getarnt.)

1.3 Modelle zur natürlichen Auslese

Tarnung im Katze-Maus-Modell	**1.** Abb. 1
Modellversuch zur Selektion	**2.** Abb. 2
Modelle zur Auswirkung von Beutegreifern	**3. a, b** Abb. 3
Modell und Wirklichkeit, Modellkritik	**3. c**
Spielzeug aus Kinderzeiten	**4.** Abb. 4

1.
Das Katze-Maus-Modell zeigt eine Katze, die offenbar in einem plötzlichen Moment auf zwei Mäuse trifft. Die Mäuse unterscheiden sich in der Fellfarbe. Eine Maus ist hell, die andere dunkel gefärbt. Auf dem dunklen Untergrund in diesem Modell ist die Maus mit der hellen Fellfarbe nicht getarnt, sie wird von der Katze sofort wahrgenommen. Die Maus mit der dunklen Fellfarbe ist dagegen gut getarnt. Beide Mäuse reagieren auf das Erscheinen der Katze als Beutegreifer spontan und gleichzeitig mit einer Fluchtreaktion, die die Mäuse in diesem Modell verschiedene Richtungen einschlagen lässt. Die Katze muss sehr schnell reagieren und kann dadurch nur eine der beiden Mäuse fangen. Diejenige Maus, die von der Katze am schnellsten gesehen wird, wird mit der größeren Wahrscheinlichkeit von der Maus gefangen werden.
Die beiden Mäuse in diesem Modell gehören zu einer Art, bei der das Merkmal Fellfarbe von hell bis dunkel mit einer gewissen Variabilität auftritt. Diese Vielfalt ist auf Unterschiede in den Erbanlagen zurückzuführen. Die Maus mit der hellen Fellfarbe wird in dem Modell zur Beute, während die Maus

mit der dunklen Fellfarbe entkommen kann. In ihrem weiteren Leben kann sich die dunkler gefärbte Maus mit einer ebenfalls dunklen Maus paaren und geschlechtlich fortpflanzen. Die helle Maus kann sich nicht fortpflanzen. Die erbliche Vielfalt ist Grundlage der natürlichen Auslese (Selektion). Lebewesen mit vorteilhaften Merkmalen haben eine höhere Wahrscheinlichkeit, sich fortzupflanzen und ihre Erbanlagen an die Nachkommen weiterzugeben als Lebewesen mit weniger vorteilhaften Merkmalen. In dem Katze- Maus-Modell hat die Maus mit der dunklen Fellfärbung den größeren Fortpflanzungserfolg.
Wäre in diesem Modell der Untergrund nicht dunkel, sondern hell gestaltet, wäre das Ergebnis der Selektion genau entgegengesetzt. Dabei wird der Zusammenhang von Selektion und Umwelt deutlich.

2.

Grundlage der natürlichen Auslese (Selektion) ist die erbliche Vielfalt. Lebewesen mit vorteilhaften Merkmalen haben eine höhere Wahrscheinlichkeit, sich fortzupflanzen und ihre Erbanlagen an die Nachkommen weiterzugeben.
In dem Modellversuch zur Selektion (Modell II) ist die Variabilität auf zwei Merkmale (rot/grün) begrenzt. Die zufällige Verteilung der roten und der grünen Papierscheibchen auf einem Untergrund mit bestimmten roten und grünen Bereichen simuliert die Angepasstheit als Beutetiere. Die roten Exemplare werden auf rotem Untergrund, die grünen auf grünem Untergrund von den Beutegreifern später wahrgenommen.
Der Fortpflanzungserfolg durch Selektion wird deutlich, wenn der Modellversuch derart wiederholt wird, dass nur die nicht erkannten Papierscheibchen auf dem Untergrund verbleiben und entsprechend dem Verhältnis Rot/Grün auf die ursprüngliche Größe einer Ausgangspopulation vermehrt werden. Der Versuch wird mit der jeweils „neuen“ Generation wiederholt.

3.

a) Abbildung 3a zeigt die Ausgangssituation in einem kleinen See mit nur einer Fischart. Gegeben ist die Variabilität von klein bis groß in einer Normalverteilungskurve mit geringer Häufigkeit kleiner, einer größten Häufigkeit mittelgroßer und geringer Häufigkeit großer Fische.
In Abbildung 3b wird der Einfluss von Fischottern als alleinige Beutegreifer auf die Ausgangssituation in 3a gezeigt: Fischotter fressen hauptsächlich große Fische. Die Normalverteilung verschiebt sich durch die Selektion zugunsten der Häufigkeit kleiner bis mittelgroßer Fische. Da alle Fische zu einer Art gehören, besitzen alle Nachkommen die erblich festgelegte Variationsbreite von klein bis groß. Erreichen genügend Fische kleiner oder mittlerer Größe ein fortpflanzungsfähiges Alter und einen entsprechend guten Fortpflanzungserfolg, ist ohne Fischotter wieder eine Normalverteilung wie in 3a in der Nachfolgegeneration zu erwarten.
In Abbildung 3c wird der Einfluss von Fischottern und Eisvögeln auf die Ausgangssituation in 3a gezeigt: Fischotter fressen hauptsächlich große Fische, Eisvögel hauptsächlich kleine. Daraus resultiert eine Normalverteilungskurve mit einem Maximum wie in 3a, allerdings mit deutlich weniger kleinen und großen Variationen.

b)

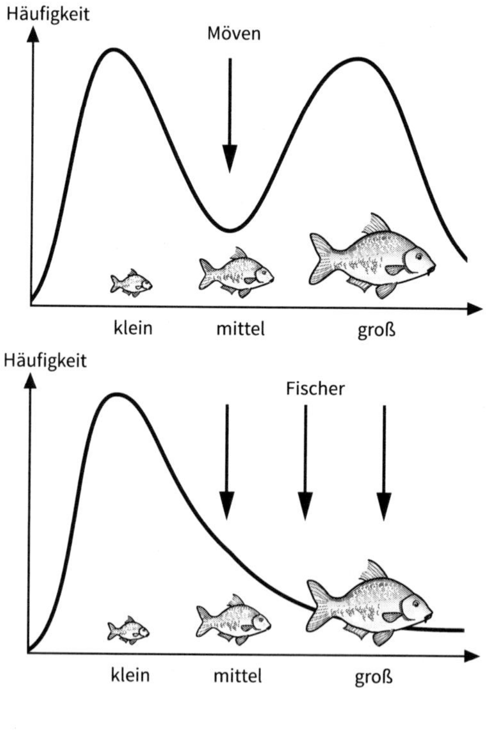

c) Eine Modellkritik kann z. B. durch eine tabellarische Gegenüberstellung von Modell und Realität erfolgen.

Modell	Realität
Statistische Daten und Normalverteilung	Reale quantitative Daten weichen ab und nähern sich einer Normalverteilung nur bei sehr großen Datenmengen an.
Größenklassen klein, mittel, groß	Die Variationsbreite der Körpergröße umfasst kontinuierliche Unterschiede von klein bis .
Äußere Einflüsse durch Beutegreifer ohne quantitative Angaben	Für eine realistische Einschätzung des Fortpflanzungserfolges sind quantitative Daten über die Entnahme von Beutetieren durch die Beutegreifer erforderlich.
Das Modellgewässer betrachtet nur Individuen einer Art	In natürlichen Gewässern gibt es Wechselwirkungen zwischen mehreren Arten.
….	….

4.

Folgende Teile des Modells entsprechen der Wirklichkeit:

Spielzeug als Modell	Natürliche Auslese
Kasten (Regalwände)	Lebensraum/Umwelt
Ein Regalboden	Population von Individuen
Löcher in den Regalböden	Selektionsvorgänge bzw. Selektionsdrücke
Kugeln einer Größe	Individuen einer Population
Kugeln unterschiedlicher Größe	Individuen unterschiedlicher Populationen
„Von oben nach unten“	Zeitachse

Das Modell ist gut als Modell für natürliche Auslese geeignet. Der Kasten ist vergleichbar mit dem Lebensraum, in dem die Individuen vorkommen, wie die Kugeln in dem Regal. In dem Modell ist die Farbe der Kugeln ohne Bedeutung für die Tatsache, dass diese auf die nächste Ebene durchfallen. Entscheidend ist nur die Größe der Kugeln. Die Farbe entspräche daher einer Merkmalsveränderung, von der ein Individuum weder einen Vor- noch einen Nachteil hat. Die Größe der Kugeln ist ein Merkmal, dass durchaus für das Durchfallen auf die nächste Ebene entscheidend ist, denn die Lochgröße wirkt als Selektionsvorgang. Dass natürliche Auslese an eine lange Zeit gebunden ist, wird auch durch die zeitliche Abfolge mehrerer Selektionsvorgänge von oben nach unten im Modell deutlich.

1.4 Angepasstheit, Variabilität und Selektion

Erblich bedingte Unterschiede in der Halslänge erwachsener Giraffen	Abb. 1
Variabilität, Population, natürliche Auslese, Angepasstheiten	**1.** Abb. 1
Unterschiede in der Selektion	**2.** Abb. 2a, b
Züchtung: Vergleich zwischen künstlicher und natürlicher Auslese	**3.** Abb. 3
Concept-Map zur Evolution des langen Giraffenhalses	**4.**

1.
Individuelle Lösung.

2.
Selektion in Abbildung 2a: Der lange Hals der Giraffen ist ein vorteilhaftes Merkmal bei der Konkurrenz um Nahrung. Die Giraffen mit den langen Hälsen lebten durchschnittlich länger und hatten mehr Nachkommen als die Artgenossen mit kürzeren Hälsen. Diese natürliche Selektion führte über sehr viele Generationen zu einem deutlich längeren Hals der Giraffen.
Selektion in Abbildung 2b: Der lange Hals der Giraffen ist ein vorteilhaftes Merkmal bei der Konkurrenz der Männchen um ein Weibchen. Häufig gewinnen Männchen mit einem längeren und kräftigeren Hals Rivalenkämpfe um ein Weibchen. Auch bei der Konkurrenz um Nahrung ist der lange Hals der männlichen Giraffen ein vorteilhaftes Merkmal, da der Nahrungsbedarf der männlichen Giraffe täglich durchschnittlich 80 kg beträgt. Die Hälse der ausgewachsenen männlichen Giraffen sind durchschnittlich einen Meter länger als die der ausgewachsenen weiblichen Giraffen. Der durchschnittliche tägliche Nahrungsbedarf eines Giraffenweibchens beträgt 50 kg. Durch diese Angepasstheit sind die weiblichen Giraffen mit den kürzeren Hälsen bei der Nahrungsbeschaffung offenbar nicht oder nur wenig benachteiligt.

3.
Für alle Individuen einer Population, die vorteilhafte Merkmale und Verhaltensweise aufweisen, ist die Wahrscheinlichkeit groß, ihre Erbanlagen durch Fortpflanzung an die Nachkommen weiterzugeben. Man spricht von einer natürlichen Auslese.
Bei Züchtungen handelt es sich nicht um eine natürliche, sondern um eine künstliche Auslese. Dabei bestimmt der Züchter nach selbst gewählten Kriterien Merkmale oder Verhaltensweisen, die an die nächsten Generationen weitergegeben werden. Bei diesen Merkmalen entscheidet nicht die jeweilige Umwelt über vorteilhafte Angepasstheiten. Die ausgewählten Merkmale können für die Lebewesen sogar nachteilig sein, dem Züchter jedoch einen Nutzen bringen.

4.
Individuelle Lösung.
Hinweis: Zum Thema „Concept-Map" ist eine Recherche erforderlich.

1.5 Artenvielfalt

Artenvielfalt durch Artaufspaltung	Grundwissen	
Zwillingsarten bei Fledermäusen	1.	Abb. 1, 2
Artbildung beim Baumläufer	2.	Abb. 3, 4

1.

a) Zwillingsarten sind durch Artaufspaltung im Laufe der Zeit aus einer ursprünglichen Art (Stammart) hervorgegangen. Die Lebewesen einer Art können sich in einer Population als Fortpflanzungsgemeinschaft fruchtbar untereinander fortpflanzen. Die Mückenfledermaus und die eigentliche Zwergfledermaus können sich nur untereinander und nicht miteinander fruchtbar fortpflanzen. Sie bilden daher zwei Arten.

b) Die Mückenfledermaus gibt Ruftöne in einer Frequenz von etwa fünf Signalen pro relativer Zeiteinheit ab. Die Tonhöhe beträgt im Grundmuster 58 bis 60 Hz, einzelne Peaks erreichen Tonhöhen von etwa 80 Hz.

Die Zwergfledermaus gibt Ruftöne in einer Frequenz von drei bis vier Signalen pro relativer Zeiteinheit ab. Die Tonhöhe beträgt im Grundmuster 35 bis 40 Hz, einzelne Peaks erreichen Tonhöhen von etwa 50 Hz.

c) Zwillingsarten sind durch Artaufspaltung im Laufe der Zeit aus einer ursprünglichen Art hervorgegangen. Die Lebewesen einer Zwillingsart können sich nur innerhalb ihrer eigenen Art fruchtbar untereinander fortpflanzen. Man weiß aufgrund genetischer Untersuchungen, dass es sich bei der Mücken- und bei der eigentlichen Zwergfledermaus um Zwillingsarten handelt. Die Unterschiede in den Ruftypen bzw. Ruffrequenzen sind offenbar genetisch bedingt und könnten eine Rolle bei Fortpflanzungsritualen spielen. Zusätzlich sind im Verlauf der Artaufspaltung über einen langen Zeitraum aber viele genetisch bedingte Unterschiede entstanden, sodass einzelne Merkmale wie Ruftypen bzw. Rufsequenzen als Indiz neben vielen anderen angesehen werden müssen. Ein Indiz ist mehr als eine Behauptung, aber weniger als ein Beweis.

2.

Vor der Eiszeit existierte in Mitteleuropa die ursprüngliche Art, aus der die Zwillingsarten Garten- und Waldbaumläufer entstanden. Durch die während der Eiszeit vorhandenen Gletscher wurden die Individuen der Ursprungsart geografisch voneinander getrennt. In jeder Teilpopulation entwickelten sich unterschiedliche genetisch bedingte Merkmale, die den jeweiligen Selektionsbedingungen angepasst waren. Zwei neue Arten entstanden, die sich z. B. in Schnabellänge, Beinlänge, Färbung, Länge der Schwanzfedern und Ruffrequenz unterscheiden. Auch nach dem Wegfall der geografischen Barrieren durch Schmelzen der Gletscher erfolgt eine fruchtbare Fortpflanzung nur noch innerhalb von Populationen der eigenen Art.

Die durch Selektion entstandenen Angepasstheiten ermöglichten die Besiedlung spezifischer Lebensräume. Beide Arten ernähren sich von kleinen Samen und Insekten, die in den Ritzen von Bäumen leben. Dunkle Nadelwälder sind der Lebensraum des Waldbaumläufers. Der Gartenläufer kommt in Parks und Gärten Lebensraum vor. Die Nutzung unterschiedlicher Lebensräume bei sehr ähnlichen Nahrungsansprüchen vermindert die Nahrungskonkurrenz.

Die unterschiedlichen Verbreitungsgebiete der beiden Arten können auf die ursprüngliche geografische Trennung zurückzuführen sein. Die Überlappung der Verbreitungsgebiete in Deutschland könnte zeigen, wo die ursprünglichen Gletscher die geografische Trennung bedingten. Als Lebensräume gibt es hier sowohl dunkle Nadelwälder als auch Laubmischwälder Parks und Gärten, sodass für beide Arten geeignete Lebensgrundlagen existieren.

B Wiederholen – Üben – Festigen zum Thema „Wie entsteht Angepasstheit“

1.

a) *Hinweis:* einige Worterklärungen müssen hier eigenständig formuliert werden. Sie sind nicht im Glossar am Ende des Schulbuchers enthalten.

Angepasstheiten sind erblich bedingte Merkmale und Verhaltensweisen, die in der Auseinandersetzung mit der Umwelt vorteilhaft sind. Angepasstheiten sind im Laufe der Zeit durch natürliche Auslese entstanden. In einer Population haben diejenigen Lebewesen eine höhere Wahrscheinlichkeit länger zu (über-)leben, und sich fortzupflanzen, die Angepasstheiten aufweisen.
Individuum: Ein Individuum ist ein einzelnes Lebewesen. Innerhalb einer Population gleichen sich die Individuen nicht vollständig, sondern haben neben Gemeinsamkeiten auch unterschiedlich ausgeprägte Merkmale.
Population ist die Bezeichnung für eine Gruppe von Individuen einer Art, die zur gleichen Zeit in einem bestimmten Gebiet lebt.
Art: Alle Lebewesen, die sich untereinander fruchtbar fortpflanzen können, gehören zu einer biologischen Art.
Art als Fortpflanzungsgemeinschaft: Alle Lebewesen, die sich untereinander fruchtbar fortpflanzen können, gehören zu einer biologischen Art. Man kann eine Art auch als Fortpflanzungsgemeinschaft auffassen.
Fortpflanzungserfolg: Unter Fortpflanzungserfolg versteht man die Wahrscheinlichkeit eines Lebewesens, sich fortzupflanzen und seine Erbanlagen an die Nachkommen weiterzugeben.
Natürliche Auslese (Selektion) ist ein anderer Ausdruck für unterschiedlichen Fortpflanzungserfolg der Lebewesen einer Population.
Künstliche Auslese: Die Züchtung von Tieren und Pflanzen durch den Menschen bezeichnet man als Auslesezüchtung oder künstliche Auslese.
Züchtung: s. Künstliche Auslese.
Genetische Vielfalt oder Variabilität bezeichnet den Sachverhalt, dass die Individuen einer Population, die sich geschlechtlich fortpflanzen, nicht völlig gleich sind, sondern erblich bedingte Unterschiede in der Ausprägung von Merkmalen und Eigenschaften haben. Variabilität ist eine Voraussetzung für natürliche Auslese (Selektion).

b) Individuelle Lösung.

2.

Gemeinsamkeiten: In der Evolution der Birkenspanner und der Giraffen zeigen die Individuen einer Population genetisch bedingte unterschiedlich ausgeprägte Merkmale als Variabilität. Angepasstheiten, die unter den jeweils vorherrschenden Umweltbedingungen vorteilhaft sind, sind die Voraussetzung für höhere Überlebenschancen und damit für einen größeren Fortpflanzungserfolg (Selektion).
Unterschiede: In der Evolution der Birkenspanners ist die genetisch bedingte Tarnung durch die Flügelfärbung der entscheidende Selektionsfaktor für die Fortpflanzungswahrscheinlichkeit. Gut getarnte Individuen, die auf der Birkenborke wenig auffallen, werden seltener von Fressfeinden erbeutet und haben daher besser Chancen, sich fortzupflanzen.
In der Evolution der Giraffen haben Giraffen mit einem langen Hals Vorteile bei der Nahrungsbeschaffung. Die Hälse der ausgewachsenen männlichen Giraffen sind durchschnittlich einen Meter länger als die der ausgewachsenen weiblichen Giraffen. Die männlichen Giraffen führen Rivalenkämpfe durch, wenn sie um ein Weibchen konkurrieren. Häufig gewinnt das Männchen mit dem längeren und kräftigeren Hals. Der Gewinner paart sich mit dem Weibchen. Weibchen führen keine Rivalenkämpfe durch. Erblich bedingte Verhaltensweisen beeinflussen den Fortpflanzungserfolg der Männchen, die ihre Erbanlagen für die Ausbildung der Merkmale „längerer und stärkerer Hals“ vermehrt an Folgegenerationen weitergeben.

3.

Variabilität bezeichnet den Sachverhalt, dass die

Individuen einer Population, die sich geschlechtlich fortpflanzen, nicht völlig gleich sind, sondern erblich bedingte Unterschiede in der Ausprägung von Merkmalen und Eigenschaften haben. Variabilität ist eine Voraussetzung für natürliche Auswahl (Selektion). In der Evolution der Birkenspanners ist die genetisch bedingte Tarnung durch die Flügelfärbung der entscheidende Selektionsfaktor. In der Evolution der Giraffen haben Giraffen mit einem langen Hals Vorteile bei der Nahrungsbeschaffung. Männchen können durch erfolgreiche Rivalenkämpfe ihre Erbanlagen für die Ausbildung der Merkmale „längerer und stärkerer Hals" vermehrt an Folgegenerationen weitergeben.
Die Züchtung verschiedener Kohlsorten erfolgt durch künstliche Auslese durch den Menschen. Im Vordergrund stehen bei der Auswahl durch den Züchter z. B. bestimmte Eigenschaften, eine höhere Qualität und bessere Ernteerträge. Variabilität durch genetisch bedingte Unterschiede der Zuchtpflanzen ist wie bei der natürlichen Evolution die Voraussetzung für eine künstliche Selektion.

4.

Während der Eiszeit wurde die Population der Vorfahren von Grünspecht und Grauspechtvoneinander in eine westliche und eine östliche Population geografisch getrennt. Während des langen Zeitraums der räumlichen Trennung entstandenen in den Teilpopulationen unterschiedliche genetisch bedingte Merkmale, die unter den jeweiligen Selektionsbedingungen vorteilhaft waren. Nach dem Rückzug der Gletscher wurden die Gebiete wieder besiedelt. Dort, wo sich die Verbreitungsgebiete von Grünspecht und Grauspecht überlappen, haben sie keine gemeinsamen Nachkommen. Zwei neue Arten sind entstanden. Auch nach dem Wegfall der geografischen Barrieren durch Schmelzen der Gletscher erfolgt eine fruchtbare Fortpflanzung nur noch innerhalb von Populationen der eigenen Art.
Auch die Krähenpopulation einer Stammart wurde während der Eiszeit durch das Vordringen der Gletscher getrennt. Die beiden Teilpopulationen entwickelten sich während der Trennung unabhängig voneinander weiter. Nach dem Wegfall der geografischen Barriere haben die Raben- und die Nebelkrähe in ihrem gemeinsamen Verbreitungsgebiet fruchtbare Nachkommen untereinander. Raben- und Nebelkrähe bilden zusammen noch eine Art.

5.

1.1 Tarnen und Warnen
Fortpflanzung und Entwicklung: Bei der Fortpflanzung werden Erbanlagen weitergegeben. Die Erbanlagen enthalten Informationen, die die Entwicklung und die Ausbildung von Merkmalen eines Lebewesens beeinflussen. In der Regel wirken Erbanlagen und Umwelt bei der Ausbildung von Merkmalen zusammen. Individuen haben durch eine gute Tarnung oder auch durch eine abschreckende Warntracht einen Überlebens- und Fortpflanzungsvorteil.
Variabilität und Angepasstheit: Unter Variabilität versteht man die Veränderlichkeit von Merkmalen, die zu Vielfalt führt. Lebewesen, die getarnt sind, besitzen Merkmale, die durch natürliche Auslese entstanden und genetisch festgelegt sind. Man nennt sie Angepasstheiten.
Zusätzlich zum Thema Warnen: *Information und Kommunikation:* Lebewesen nehmen mit ihren Sinnesorganen Informationen aus ihrer Umwelt auf. Das Ergebnis der Informationsverarbeitung kann im Gehirn Einfluss darauf haben, was ein Lebewesen tut und wie es sich verhält. Tiere mit einer Warntracht signalisieren möglichen Fressfeinden, dass es sehr unangenehm sein kann, sie anzugreifen. Davon profitieren auch Tiere, die als Nachahmer selbst ungefährlich sind (Mimikry).

1.2 Der Birkenspanner – Angepasstheit durch natürliche Auslese
Variabilität und Angepasstheit: Unter Variabilität versteht man die Veränderlichkeit von Merkmalen. Es gibt helle und dunkle Birkenspanner. Lebewesen mit guter Tarnung besitzen Merkmale, die durch natürliche Auslese entstanden und genetisch festgelegt sind. Man nennt sie Angepasstheiten. Die Variabilität in der Flügelfärbung gewährleistete vor der Industrialisierung in England eine gute Tarnung der Birkenspanner in der hellen Variation. In den ersten Jahren nach der Industrialisierung waren in bestimmten Gebieten mit rußgeschwärzten Birkenstämmen dunkle Birkenspanner besser getarnt als die hellen. Durch bessere Umweltbedingungen erhielten die Birkenstämme später ihre ursprüngliche helle Färbung zurück, wodurch die hellen Bir-

kenspanner besser angepasst waren.

Fortpflanzung und Entwicklung: Bei der Fortpflanzung werden Erbanlagen weitergegeben. Die Erbanlagen enthalten Informationen, die die Entwicklung und die Ausbildung von Merkmalen eines Lebewesens beeinflussen. In Abhängigkeit von der Umgebung haben Individuen mit einer Tarnung einen Überlebens- und Fortpflanzungsvorteil.

1.4 Angepasstheit, Variabilität und Selektion

Geschichte und Verwandtschaft: Jedes heutige Lebewesen lässt sich durch eine ununterbrochene Kette von Fortpflanzungen auf Vorfahren, Vor-Vorfahren bis hin zu den Ursprüngen des Lebens zurückführen. Die vielfältigen Arten von Lebewesen sind im Laufe langer Zeiträume aus anderen Formen hervorgegangen. Diesen Vorgang bezeichnet man als Evolution. Die abgestuften Ähnlichkeiten zwischen Lebewesen, unter anderem im Körperbau, sind ein Beleg für den Grad der Verwandtschaft. So stammen zum Beispiel die heute lebenden Giraffen mit ihren langen Hälsen von Vorfahren ab, die einen kurzen Hals hatten.

Variabilität und Angepasstheit: Unter Variabilität versteht man die Veränderlichkeit von Merkmalen, die zu Vielfalt führt. So zeigen die Individuen einer Giraffen-Population Unterschiede in der Halslänge. Giraffen mit langem Hals besitzen Merkmale, die durch natürliche Auslese entstanden und genetisch festgelegt sind. Man nennt sie Angepasstheiten.

1.5 Artenvielfalt

Geschichte und Verwandtschaft: Jedes heutige Lebewesen lässt sich durch eine ununterbrochene Kette von Fortpflanzungen auf Vorfahren, Vor-Vorfahren bis hin zu den Ursprüngen des Lebens zurückführen. Die abgestuften Ähnlichkeiten zwischen Lebewesen, unter anderem im Körperbau, sind ein Beleg für den Grad der Verwandtschaft. Zwillingsarten sind aus einer Stammart hervorgegangen und ähneln sich sehr stark. Ein Beispiel dafür sind die Mückenfledermaus und die eigentliche Zwergfledermaus.

Variabilität und Angepasstheit: Unter Variabilität versteht man die Veränderlichkeit von Merkmalen, die zu Vielfalt führt. Früher hat man Lebewesen nach Übereinstimmungen im Körperbau zu gleichen Arten gezählt. Heute betrachtet man eine Art als Fortpflanzungsgemeinschaft. Zwergfledermäuse und Mückenfledermäuse sind Beispiele für Zwillingsarten. Diese Arten sind durch Artaufspaltung aus einer Stammart hervorgegangen. Artaufspaltung erhöht die Artenvielfalt.

2 Sinnesorgane erschließen die Umwelt

2.1 Kommunikation beim Menschen

Verbale Kommunikation, Wortsprache	**1.** Abb. 1	Verbale und nonverbale Kommunikation	**3.**
Kommunikationsschema	**2.** Abb. 2	Kultur, Überlieferung, soziale Kompetenz	**4.** Abb. 3

1.

Individuelle Lösung, z. B.:

Textinformationen	**Beispiele aus dem eigenen oder allgemeinem Erfahrungsbereich**
Die Fähigkeiten zum Verstehen und Sprechen von Sprachen sind bei allen Menschen im Gehirn bei der Geburt angelegt.	Mütter sprechen direkt nach der Geburt ihre neu geborenen Kinder an. Die Neugeborenen nehmen die Stimme offensichtlich wahr.
Von der Wortsprache abgeleitet ist die Schrift.	Am Anfang der geschriebenen Sprache steht ein Gedanke, in Wortsprache formuliert. Die Überführung in die Schreibsprache, in Texte, ermöglicht verbale Kommunikation in breiterem Rahmen.
Wortsprache ermöglicht Verständigung über Vergangenes und Zukünftiges.	Eltern und Großeltern erzählen häufig gerne von ihren eigenen Erlebnissen in der Vergangenheit. In bestimmten Situationen macht man sich Gedanken über eigene Wünsche und Ziele, die in der Zukunft liegen.
Wortsprache ermöglicht Verständigung über alles, was nicht unmittelbar wahrzunehmen ist.	Wortsprache ermöglicht spannende Erzählungen über eigene Erlebnisse. Auch Freunde können über ihre Erlebnisse berichten.
Die Wortsprache bildet zusammen mit dem umfassenden Vermögen des Menschen für Lernen und Gedächtnisbildung die Grundlage für vorausschauende Planungen und für die Kultur des Menschen.	Durch Überlieferungen werden Erfahrungen mithilfe von Wortsprache von Generation zu Generation weiter gegeben. Neben der Vermittlung von Wissen über Bücher oder andere Medien können auch Bindungen zwischen Menschen hergestellt werden. Durch diese soziale Intelligenz entstehen Freundschaften, Kultur wird geschaffen, Bildung wird, z. B. in der Schule, auch zum eigenen Nutzen geschaffen.

Tabelle: Eigenschaften und Bedeutung der Wortsprache

2.

a) Das Kommunikationsschema in Abb. 2 zeigt den Kommunikationsweg vom Sender zum Empfänger und wieder zum Sender zurück. Die Lehrerin oder der Lehrer stellt als Sender im Mathematikunterricht den Schülerinnen und Schülern als Empfänger eine Aufgabe. Die Aufgabenstellung des Senders wird im Gehirn formuliert, über Nerven weiter geleitet und schließlich mithilfe der Sprechmuskulatur artikuliert. Die Sprachaufgabe ist das zu übermittelnde Signal. Über die Ohren werden die Signale aufgenommen, umgewandelt und gelangen über den Hörnerv zum Gehirn des Empfängers. Dort erfolgen die Wahrnehmung der Aufgabe und deren gedankliche Lösung, die über bestimmte Nerven zur Sprechmuskulatur gelangt und dort als Signal formuliert wird. Durch die sprachliche Mitteilung der Lösung wird jetzt der ursprüngliche Empfänger der Aufgabe zum Sender. Die Sprachsignale gelangen über das Ohr und den Hörnerv schließlich zum Gehirn des ursprünglichen Senders, in dem die Wahrnehmung und Bewertung der Lösung erfolgt. Der Sender im Kommunikationsschema ist zum Empfänger geworden.

b) Individuelle Lösung, z. B. Kommunikation zwischen Mensch und Hund:

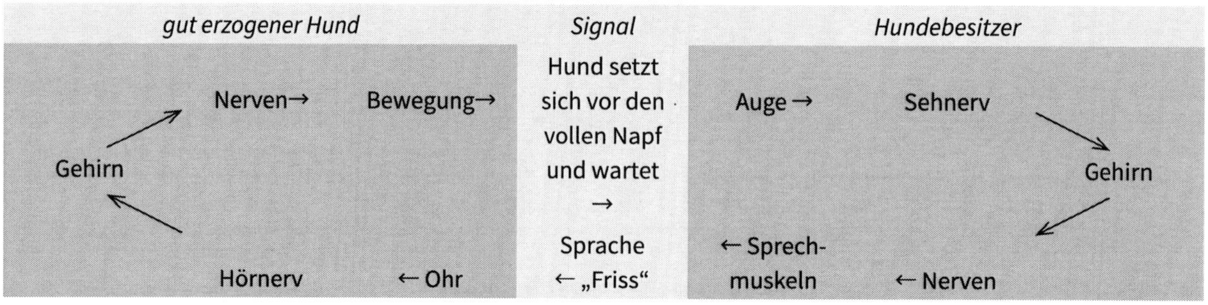

3.

Individuelle Lösung.

4.

Das Bild zeigt, wie eine Nachricht oder eine Information von einer Person über viele Personen weitergegeben wird und letztlich wieder zu ihr zurückkommt. Man sieht, dass die erzählende Person (Sender) und die angesprochene Person (Empfänger) miteinander in Wortsprache kommunizieren. Hinzu kommt noch bei einigen Paaren, die sich von Angesicht zu Angesicht gegenüberstehen, dass auch über die nonverbale Mimik und Gestik entsprechend kommuniziert wird. Durch die unterschiedlichen Sender und Empfänger wurde die ursprüngliche Information immer wieder modifiziert, sodass die anfangs erzählende Frau anscheinend betroffen ist, als sie von dem Mann zur Rede gestellt wird, um den es möglicherweise bei der Information ging. Das Bild verdeutlicht die Neigung des Menschen, Informationen weiterzugeben und dabei individuell zu verändern sowie die Emotionen, die dies bei den jeweiligen Personen in der Kommunikationskette hervorrufen kann.
Dieses im Bild dargestellte Phänomen wird z. B. auch als „Klatsch und Tratsch“ bezeichnet.
Der Titel des Bildes könnte z. B. folgendermaßen lauten:
„Der Klatsch“, „Der Tratsch“, „Klatsch und Tratsch“, (...).

2.2 Vom Reiz zur Wahrnehmung

Einflüsse und Reize auf der Haut	Abb. 1
Was nehmen wir wahr? Begriffe: Reiz, adäquater Reiz, Reizstärke	**1.** Abb. 1, 3
Die Sinneszellen in der Haut	**3., 4.** Abb. 2, 3
Technische Hilfsmittel	**2.**

1.
- Sinneszellen ermöglichen die Wahrnehmung von Umgebungsreizen.
- Jede Sinneszelle reagiert nur auf einen adäquaten Reiz mit einer speziell passenden Reizart und Reizstärke.
- Sinneszellen mit ähnlichen Aufgaben sind in Sinnesorganen zusammengefasst.
- Sinneszellen wandeln Reize in elektrische Signale um, die von Nerven an das Gehirn weitergeleitet werden, wo die Wahrnehmung entsteht.
- Die Sinneszellen verschiedener Tierarten sind auf deren Lebensweise spezialisiert.

2.
Beispiele für technische Hilfen:
- Kompass zur Messung des Magnetfeldes
- Fledermaus-Detektor zum Hörbarmachen von Ultraschalllauten
- Infrarot-Sichtgerät zum Sichtbarmachen von infraroter Strahlung
- Geigerzähler zur Messung radioaktiver Strahlung
- Thermometer zur genauen Messung von Temperaturschwankungen

3.
a)

Sinneszelle	adäquater Reiz	Beispiel für Alltagssituation
Sinneszelle für Wärme	hohe Temperatur	warme Luft im Sommer
Sinneszelle für Kälte	niedrige Temperatur	Berührung von Schnee
Sinneszelle für Druck	mechanischer Druck	Begrüßung mit Handschlag
Sinneszelle für Hautbewegung	Dehnung der Haut	Bewegung der Haare durch Wind
Sinneszelle im Muskel für Dehnung	Dehnung des Muskels	Bewegen der Finger
Sinneszellen für Vibration	Vibration	Berühren eines schwingenden Musikinstruments
Sinneszellen für Druck und Schwingungen	Druck und Schwingungen	Gitarre spielen
Nervenendigung für Schmerz	Verletzung	Nadelstich

b) Die Wahrnehmung von Wärme und Kälte ist für den Menschen besonders wichtig, da alle Körperfunktionen an eine konstante Körpertemperatur gebunden sind. Um diese aufrecht zu halten, ist es wichtig, die Umgebungstemperatur wahrzunehmen und das Verhalten daran anzupassen, um den Körper vor Auskühlung oder Überhitzung zu schützen (z.B. Heizen im Winter, leichte Kleidung im Sommer). Extreme Hitze und Kälte sind für den Körper gefährlich und können z.B. die Haut zerstören.

4.
Die Raumschwelle ist der Abstand zweier gleichstarker Druckreize, die gerade getrennt wahrgenommen werden. Sie ist für verschiedene Körperteile sehr unterschiedlich groß: Zungenspitze, Lippe und Fingerspitze haben besonders kleine Raum-

schwellen, d. h. zwei sehr nahe Druckreize werden einzeln wahrgenommen (< 5 mm). Zungenrand, Handflache, Stirn und Handrücken unterscheiden Druckreize weniger gut, hier ist die Raumschwelle größer (bis 35 mm). Besonders große Raumschwellen haben Rücken und Oberarm, hier werden zwei Druckreize erst dann getrennt voneinander wahrgenommen, wenn sie ca. 6,8 cm auseinander liegen. Diese unterschiedliche Empfindlichkeit gegenüber nah beieinander liegenden Druckreizen steht im Bezug zur Lebensweise des Menschen: Die Zunge ist sehr empfindlich. Nahrung ist gut zu spüren und exakte Bewegungen beim Sprechen werden ermöglicht. Mit den empfindlichen Fingerspitzen werden Strukturen ertastet. Die Handfläche der menschlichen Greifhand löst beim Greifen sehr viel feiner Druckpunkte auf als der Handrücken.

2.3 Das Auge

Bau des Auges, Stationen des Sehens	**1.** Abb. 1
Der blinde Fleck	**2.** Abb. 1, 3
Dämmerungssehen und Farbensehen	**3. a, 4.** Abb. 2, 4
Rot-Grün-Sehschwäche	**3. b, c** Abb. 4

1.

Licht gelangt durch die Hornhaut ins Auge
↓
Licht wird durch die Pupille gelassen
↓
Licht wird durch die Linse gebrochen
↓
Licht gelangt durch den Glaskörper
↓
Licht trifft auf die Netzhaut
↓
Sehsinneszellen (Stäbchen und Zapfen) reagieren und senden elektrische Signale an Nervenzellen
↓
Nervenzellen senden elektrische Signale an Sehnervenzellen
↓
Sehnervenzellen senden die Information als elektrisches Signal an das Gehirn
↓
Im Gehirn entsteht die Seh-Wahrnehmung

2.

a) Beschreibung: Beim Fixieren des Kreuzes ist dieses scharf zu erkennen, Kreis und Rechteck wirken undeutlicher. Bei einem bestimmten Abstand zwischen Auge und Buch ist rechts nur noch der Kreis zu sehen, das Rechteck ist verschwunden. Wird der Abstand noch kleiner, so taucht das Rechteck wieder auf, dafür verschwindet der Kreis. Wenn das Buch direkt vor die Augen gehalten wird, sind beide Symbole wieder zu sehen.
Erklärung: Beim Fixieren des Kreuzes wird dieses auf der Netzhaut am gelben Fleck abgebildet, wo die Zapfen besonders dicht stehen, hier wird dadurch besonders scharf gesehen. Kreis und Kreuz sind weiter außen auf der Netzhaut abgebildet, wo die Sehsinneszellen weniger dicht stehen und werden weniger exakt wahrgenommen. Bei einem bestimmten Abstand zwischen Auge und Buch fällt Licht, das vom Rechteck kommt, genau auf den blinden Fleck, den Bereich auf der Netzhaut, an dem der Sehnerv das Auge verlässt. Da sich dort keine Sinneszellen befinden, wird die Lichtinformation nicht verarbeitet und man kann das Rechteck nicht wahrnehmen. Wenn der Abstand kleiner ist, werden Kreis und Rechteck an anderen Stellen der

Netzhaut abgebildet, und nun trifft das Licht des Kreises genau auf den blinden Fleck – der Kreis wird nicht gesehen, während das Rechteck wieder sichtbar ist. Bei sehr kleinem Abstand sind beide Symbole ganz außen auf der Netzhaut abgebildet und sind für uns sichtbar.

Der Versuch ist ein Nachweis für den blinden Fleck. Die genaue Beobachtung zeigt, dass, während der Kreis verschwindet, an dieser Stelle trotzdem etwas gesehen wird, nämlich rote Farbe. Dies ist darauf zurückzuführen, dass das Gehirn den durch den blinden Fleck unbekannten Teil rekonstruiert und sinnvoll ergänzt: Sinnvoll bedeutet hier, dass der rechts und links des blinden Flecks abgebildete rote Hintergrund auch in der Wahrnehmungslücke fortgesetzt wird.

b) Der Versuch funktioniert auch mit einer Abbildung in einer anderen Farbe. Die Existenz des blinden Flecks ist unabhängig vom Farbensehen, das durch die drei unterschiedlichen Zapfentypen vermittelt wird. Wird der Versuch mit einer Abbildung anderer Farbe durchgeführt, wird nochmals deutlich, dass das Gehirn die durch den blinden Fleck entstehende Wahrnehmungslücke durch die entsprechende Hintergrundfarbe ergänzt.

3.

a) Abbildung 2 zeigt in einer Grafik die unterschiedliche Empfindlichkeit der drei Zapfentypen: blauviolett-empfindliche Zapfen reagieren maximal auf Licht der Wellenlänge 450 nm, was blauvioletter Farbe entspricht. Grün-empfindliche Zapfen reagieren besonders empfindlich auf Licht mit einer Wellenlänge von 540 nm (grün-gelb) und rot-empfindliche Zapfen auf Licht der Wellenlänge 600 nm (rot). Auf Licht mit Wellenlängen ähnlich zum Optimum reagieren alle Zapfen auch, aber zunehmend weniger empfindlich, der Empfindlichkeitsverlauf ist glockenförmig.

Die Bereiche, in denen die Zapfentypen empfindlich sind, überschneiden sich teilweise, z. B. reagieren alle Zapfen auf blau-grünes Licht (500 nm), die grünempfindlichen Zapfen sehr stark, beide anderen Typen nur sehr schwach. Jeder Farbe entspricht so ein bestimmtes Reaktionsmuster der drei Zapfentypen.

Auf UV-Licht, das kurzwelliger ist als 400 nm, reagieren keine Zapfen, dieses Licht bleibt für uns unsichtbar; gleiches gilt für Infrarot-Licht mit Wellenlängen über 660 nm.

b) Der grün-empfindliche Zapfentyp ist für grüngelbes Licht zuständig, für das die anderen beiden Zapfentypen kaum empfindlich sind. Wenn dieser ausfällt, ist das Reaktionsmuster der Zapfen (insbesondere die Aktivität der Rot-Zapfen) bei rot und grün sehr ähnlich und ruft den gleichen Wahrnehmungseindruck hervor – die Farben können nicht eindeutig unterschieden werden. Besonders in einem Punktemuster (Abb. 4), das unterschiedliche Helligkeiten beinhaltet, und in dem die eingebettete Zahl nur durch ihre Farbinformation erkennbar ist und nicht durch ihren Kontrast, wird dies deutlich und die Rot-Grün-Schwäche wird offensichtlich.

c) Anders als die Punkte auf der Testtafel unterscheiden sich die rote und grüne Ampelfarbe nicht nur durch ihre Wellenlänge (Farbe), sondern auch durch ihre Helligkeit. Die Farben der Ampel können daher auch von Personen mit Rot-Grün-Sehschwäche unterschieden werden. Hinzu kommt, dass auf einer Ampel jeder Farbe eine bestimmte Position zugeordnet ist, die eindeutig die Anweisung (halten oder fahren) anzeigt.

4.

Der fixierte Text wird auf der Netzhaut am Ort des schärfsten Sehens, dem gelben Fleck, abgebildet. Hier befinden sich nur Zapfen. Diese sind nicht besonders lichtempfindlich. Bei Dämmerung reicht das Licht nicht mehr aus, um die Zapfen des gelben Flecks anzuregen. Die Buchstaben, auf die man den Blick genau fixiert hat, sind deshalb nicht mehr erkennbar. Die Gegenstände der Umgebung werden auf der Netzhaut am Rand abgebildet, hier befinden sich viele Stäbchen, die sehr lichtempfindlich sind, daher schon bei sehr wenig Licht gereizt werden und daher auch bei Dämmerung noch die Sehinformation vermitteln. Allerdings sind die Stäbchen unempfindlich für verschiedene Farben, und es erscheint daher alles in Graustufen und nicht in Farbe.

–

2.4 Akkommodation

Die Lichtbrechung im Auge	Abb. 1
Exkurs: Physikalische Grundlagen der Lichtbrechung	Abb. 5
Akkommodation	**1., 3.** Abb. 1
Korrektur von Kurz- und Weitsichtigkeit	**2.** Abb. 2
Fische fangen mit dem Speer (Lichtbrechung)	**4.** Abb. 3, 4, 5

1.
Um ein Bild scharf zu sehen, müssen die Lichtstrahlen, die von einem Punkt eines Gegenstandes ausgehen, auch in einem Punkt auf der Netzhaut zusammentreffen. Wenn der Gegenstand weit entfernt ist, müssen hierfür die auf das Auge treffenden Lichtstrahlen nur schwach gebrochen werden. Eine schwache Brechung wird dadurch erzielt, dass der Ringmuskel sich entspannt, die Linsenbänder dadurch gespannt werden und die Linse auseinander gezogen wird und eine flache Form annimmt. An einer flachen Linse wird das Licht nur schwach gebrochen. Ist ein Gegenstand nah, so muss die Lichtbrechung verstärkt werden, um ein scharfes Bild auf der Netzhaut zu erzielen: Der Ringmuskel zieht sich zusammen, die Linsenbänder erschlaffen, und die Linse nimmt eine kugelige Form an, die das einfallende Licht stark bricht. Die Anpassung der Brechungskraft des Auges auf unterschiedliche Entfernungen nennt man Akkommodation.

2.
Bei Kurzsichtigkeit ist die Brechkraft der Linse zu stark, weit entfernte Gegenstände können daher nicht scharf gesehen werden, da sich die Lichtstrahlen schon vor der Netzhaut treffen. Zur Korrektur wird eine zusätzliche Linse verwendet (Brille oder Kontaktlinse), die die Lichtstrahlen in die andere Richtung bricht (konkave Linse) und den Brennpunkt nach hinten auf die Ebene der Netzhaut verschiebt.
Bei Weitsichtigkeit ist die Brechkraft der Linse zu schwach, nahe Gegenstände können daher nicht scharf gesehen werden, da sich die Lichtstrahlen erst hinter der Netzhaut treffen würden. Zur Korrektur wird eine zusätzliche Linse verwendet (Brille oder Kontaktlinse), die die Lichtstrahlen zusätzlich bricht (konvexe Linse) und den Brennpunkt nach vorne auf die Ebene der Netzhaut verschiebt.

3.
a) Mögliches Experiment: Auf Papier wird als Testfigur ein Kreis mit einer kleinen Lücke gezeichnet. Das Papier kann so gehalten werden, dass die Lücke entweder oben, unten, rechts oder links zu sehen ist. Der Versuchsperson wird das Papier in Stufen immer näher an das Auge herangeführt, bis die Unterscheidung nicht mehr richtig gemacht wird. Der Abstand, bei dem die Figur gerade noch richtig erkannt wird, gibt die Nahpunktentfernung an.
b) Individuelle Lösung.

4.
Beim Beobachten des Fisches vom Uferrand aus, schaut man schräg von oben auf das Wasser. Die Lichtstrahlen werden dabei an der Wasseroberfläche, der Grenze zwischen zwei unterschiedlich dichten Medien, gebrochen (Abb. 4a). Dadurch erscheint der Fisch weiter weg als er in Wirklichkeit ist. Dementsprechend werden Ungeübte den Speer zu weit hinten in das Wasser stoßen und verfehlen

das Ziel. Um die Trefferwahrscheinlichkeit zu erhöhen, müsste man auf einen Punkt etwas vor dem Bild des Fisches im Wasser zielen.
Dies wird auch deutlich aus Abbildung 3: Der Stab ist gerade, sieht aber aus, als hätte er genau dort einen Knick, wo er ins Wasser taucht. Dies ist die „optische Hebung“ durch die Lichtbrechung an der Grenzfläche zwischen Wasser und Luft. Um die Spitze des Stabes im Wasser zu treffen, müsste man mit einem Speer vor das Bild der Stabspitze zielen.

2.5 Die optische Wahrnehmung

Kontraste sehen	Abb. 1
Räumliches Sehen	Abb. 2
Erfahrungswerte bei der Wahrnehmung	**1.** Abb. 5
Erkennen von Figuren mit dem Gehirn	**2.** Abb. 4, 6
Größenwahrnehmung	**3.** Abb. 3, 7

1.

Die Abbildung zeigt eine Figur, die unseren Erfahrungen widerspricht: Betrachtet man den rechten Teil, so interpretiert unser Gehirn die gezeichneten Linien als einen U-förmigen Gegenstand, dessen zwei Arme nach links gerichtet sind. Betrachtet man den linken Teil der Figur, so sieht man drei Stäbe von rechts nach links kommend; aus den anfänglich zwei Armen rechts sind links drei geworden. Eine solche Figur widerspricht unseren Erfahrungen und ist nicht logisch. Sie zeigt, das unser Gehirn bei der Konstruktion eines Bildes aus geringer Information (wenige schwarze Linien) eine best mögliche Interpretation liefert, die in diesem Fall kein Ergebnis bringt, das mit unserem Wissen und unserer Erfahrung vereinbar ist und uns daher irritiert. Legt man einen Stift diagonal über das Bild, so entsteht der Eindruck als wären links und rechts zwei verschiedene, voneinander unabhängige Abbildungen zu sehen. Das wiederum wäre eine mit unseren Erfahrungen vereinbare Lösung.

2.

a) Ein flüchtiger Blick zeigt ein Gesicht, das einen anblickt. Die nähere Betrachtung zeigt, dass das Gesicht aus Gemüse und Nüssen zusammengesetzt ist. Als Hut hat es eine Schüssel auf dem Kopf. Nach der Drehung um 180° sieht man eine Schüssel, die überquellend mit Gemüse gefüllt ist. In der vorderen Hälfte sind Rüben, eine Zwiebel, eine Kartoffel, Pilze und Nüsse zu sehen, in der hinteren Hälfte sieht man auch viele lange Blätter und weitere Rüben.
b) Nach einer erneuten Drehung um 180° sieht man schnell wieder das Gesicht. Die Struktur „Gesicht“ ist in unserem Erfahrungsschatz so stark als bekannt verankert, dass es schwer ist, sich davon zu lösen und nur ein auf dem Kopf stehendes Bild einer Gemüseschüssel zu sehen. Etwas einfacher wird es, wenn man die „Augen“ des Gesichts abdeckt.

3.

Die Abbildung zeigt die Zeichnung eines Ganges. Auf dem Boden sind waagerechte und an den Wänden sind senkrechte Linien gezeichnet. Diese werden kleiner bzw. kürzer, je weiter sie sich hinten in dem Gang befinden. An drei Stellen ist eine Person gezeichnet: Vorne, in der Mitte und weit hinten. Die hintere Person erscheint größer als die vordere. Die Messung mit dem Lineal ergibt jedoch, dass die drei Personen gleich groß sind. Normalerweise würde man erwarten, dass die Personen wie auch die senkrechten Linien kleiner werden, je weiter sie sich hinten im Gang befinden.
Es liegt eine optische Täuschung vor. Widersprechen die Erfahrungen diesem neuen Bild, können wir nichts damit anfangen oder wir sind erst einmal irritiert. Dass die hintere Person größer erscheint

als die vordere, liegt daran, dass wir eigentlich in der Entfernung stehende Personen kleiner wahrnehmen. Dadurch, dass die senkrechten Linien nach hinten kleiner werden, erscheint die Person hinten größer, denn sie überragt ja die senkrechten Linien. Die vorne abgebildete Person ist kleiner als die vordere senkrechte Linie. Dadurch kommt die Sinnestäuschung zustande.

2.6 Das Ohr

Aufbau des Ohres	Abb. 1
Schall und Schalldruck	Abb. 3, 6
Richtungshören	**1.** Abb. 4, 5
Gefahren durch große Lautstärke	**2.** Abb. 1, 2, 6
Hören ist vom Medium abhängig	**3.** Abb. 5

1.

Die Schallgeschwindigkeit in Luft beträgt 331 m/s, d. h. 33100 cm/s, d. h. ein cm wird in 0,00003 s, also 0,03 ms zurückgelegt.
Wenn mit dem Stab 1 cm links oder rechts von der Schlauchmitte geschlagen wird, bedeutet dies eine Entfernungsdifferenz zwischen den beiden Ohren von 2 cm. Der Schall kommt an dem einen Ohr also 0,06 ms früher an als an dem anderen Ohr und dieser kleine Zeitunterschied wird vom Gehirn als Richtungsinformation wahrgenommen.

2.

a) Eine Erhöhung um 20 dB bedeutet eine Zunahme des Schalldrucks um das Zehnfache.
Einer Zunahme der Schallintensität um 60 dB entspricht eine Erhöhung des Schalldrucks um das 1000fache.
b) Der Hörschaden ist auf einen bestimmten Frequenzbereich konzentriert: Tiefe Töne mit Frequenzen unter 0,5 kHz werden normal wahrgenommen. Am größten ist der Hörverlust für Töne mit Frequenzen zwischen 3 und 4 kHz, hier beträgt er fast 50 dB. Das bedeutet, dass ein Ton 50 dB lauter sein muss, sein Schalldruck also mehr als 100-mal höher sein muss als für gesunde Personen, um wahrgenommen zu werden. Ab einer Frequenz von 4 kHz wird der Hörverlust geringer und nähert sich bis 12 kHz einem Normalwert an.
Je größer die Amplitude der Schwingung ist, umso lauter erscheint der Ton. Die Lautstärke in dB beschreibt den Schalldruck, mit dem eine Schwingung auf das Trommelfell trifft (z. B. die Zahl der Teilchen der Luft, die in einer bestimmten Zeit auf das Trommelfell auftreffen).
Hinweis: Sprache liegt ungefähr im Bereich Frequenzbereich zwischen 300 Hz und 5 kHz. Eine Person mit dem gezeigten Hörschaden wird geflüsterte Worte und gedämpfte Unterhaltungen nicht hören können (vergl. Abb. 3).

3.

Im Wasser ist die Schallgeschwindigkeit viel höher als in der Luft (Luft: 331 m/s, Wasser: 1480 m/s). Zum Richtungshören werden Zeitunterschiede im Eintreffen des Schalls an den beiden Ohren ausgenutzt. Da sich der Schall unter Wasser so schnell ausbreitet, ist die Zeitdifferenz der Signale aus beiden Ohren zu klein, um wahrgenommen zu werden und Richtungshören ist nicht möglich.

2.7 Lärm und Stress

Lärmkarte, Beispiel Fluglärm	**1.** Abb. 1
Stress durch Lärm	Grundwissen
Leseleistung bei Lärm	**2.** Abb. 2
Individuelle Wahrnehmung von Lärm	**3., 4.** Abb. 3

1.

Die Karte bildet den Bereich des Verkehrsflughafens Hannover und seiner Umgebung ab. Ein Maßstab fehlt (*Hinweis:* die obere blaue Linie entspricht in der Realität einer Strecke von ca. 3 km). Offenbar ist nur der Fluglärm dargestellt, sonst müssten zumindest die Hauptstraßen auch orange oder rot eingefärbt sein. Die Lärmbelastung ist in der Lärmkarte durch fünf unterschiedliche Farben dargestellt. Blau kennzeichnet die Bereiche mit der höchsten Lautstärke > 75 db(A). Man findet diese Bereiche als schmale, parallel verlaufende straßenähnliche Bänder in Ost-/West-Ausrichtung im Kernbereich des Flughafens. Hierbei handelt es sich vermutlich um zwei Start- und Landebahnen. Die Nordbahn ist länger als die Südbahn.

Die hohen Lautstärkewerte ergeben sich vor allem bei Startvorgängen durch den maximalen Schub der Triebwerke. Bei Landungen unterstützt ein Umkehrschub mit ebenfalls sehr hoher Lautstärke die Bremsmanöver. Mit zunehmendem Abstand zu den Landebahnen sinkt die Lärmbelastung. Nördlich und südlich der Landebahnen ist nur ein relativ schmaler Bereich von Lärm betroffen. In Start- und Landerichtung westlich und östlich erstreckt sich die Lärmbelastung mit 56 – 60 dB(A) jeweils über einen Bereich, der die doppelte bis dreifache Länge der jeweiligen Start- oder Landebahn erreicht.

2.

a) Das Diagramm zeigt die Leseleistung in relativen Einheiten bei einem jeweiligen Verkehrslärm von 40 dB bis 60 dB. Der höchste Wert für die Leseleistung ist bei einem Verkehrslärm mit 40 dB angegeben. Dieser Wert entspricht einem Schalldruck bei einer gedämpften Unterhaltung. Bis 45 dB nimmt die Leseleistung schwach ab. Von 45 bis 55 dB nimmt die Leseleistung stärker ab. Von 55 bis 60 dB erfolgt eine noch stärkere Abnahme der Leseleistung bis auf einen niedrigen Wert. 60 dB entspricht dem Schalldruck einer lauten Unterhaltung.

b) Straßenlärm beeinflusst die Leseleistung im Bereich zwischen 40 und 60 dB negativ. Eine Schule oder ein Unterrichtsraum darf nicht einem Verkehrslärm ausgesetzt sein, der die Leistungsfähigkeit der Schülerinnen und Schüler behindert. Außer den Leseleistungen sind wahrscheinlich auch andere Lernleistungen durch Verkehrslärm, aber wohl auch durch Lärm allgemein negativ beeinflusst. Weitere geeignete Messungen wären dazu erforderlich.

Damit die Schülerinnen und Schüler gute Bedingungen zum Lernen haben, darf der Verkehrslärm, der in den Klassenraum dringt, kaum Auswirkungen auf die Lernleistungen haben. Das ist im Beispiel der Leseleistung in Abb. 2 etwa bis 45 dB der Fall; danach beginnt die Kurve der Leseleistung steiler abzufallen.

3.

Individuelle Lösung, z. B.:

Die Wahrnehmung von Lärm ist subjektiv. Unter Lärm versteht man unerwünschte, störende und belästigende Geräusche. Das Wohlbefinden eines Menschen wird beeinträchtigt. Die Bewertung von Schallimmissionen durch das menschliche Gehirn ist ein subjektiver Vorgang mit unterschiedlichen Einflussfaktoren. Jeder Mensch reagiert unterschiedlich auf Geräusche. Ob ein Schallereignis als Lärm wahrgenommen wird, hängt von der Situation ab, z. B. davon, ob man die Entstehung der Geräusche selbst beeinflussen kann. Musik auf einer privaten Veranstaltung wird von den Gästen meist als angenehm empfunden. Dröhnt dieselbe Musik jedoch mitten in der Nacht aus dem Nachbarhaus ins eigene Schlafzimmer, werden die meisten Menschen diese als Lärm wahrnehmen.

4.
Individuelle Lösung.

2.8 Vergleich von Hör- und Sehleistungen

Vergleich des Farbensehens	Abb. 1
Vergleich des Hörvermögens	Abb. 2
Angepasstheiten: Sinnesleistungen und Ernährungsweise	**1.** Abb. 1, 2
Modell: Sinnesorgane sind wie Fenster; unterschiedliche Sinneswelten	**2.** Abb. 3

1.
Die Honigbiene kann ultraviolette Strahlung sehen und erkennt damit die ultravioletten Reflektionen von Blüten. Diese wirken für die Bienen wie Hinweisschilder auf der Suche nach Pollen und Nektar, der Nahrung der Honigbiene.
Die Grubenotter kann mit ihrem Grubenorgan infrarote Strahlung (Wärmestrahlung) wahrnehmen. Sie bemerkt dadurch auch in der Dunkelheit Beutetiere, deren Körper Wärme abstrahlen, und kann sie fangen.
Katzen können sehr hohe Töne hören, die für uns Menschen nicht wahrnehmbar sind. Mäuse verständigen sich untereinander mit solchen hohen Tönen. Katzen können die Mäuselaute hören und so ihre Beute auffinden.

2.
a) Die Abbildung zeigt einen Menschen in einem Raum. Durch die Fenster dringen verschiedene Eindrücke aus seiner Umwelt auf ihn ein, z. B. Hitze und der Geruch von Bratwurst. Für andere Umweltfaktoren, z. B. das Magnetfeld der Erde und ultraviolette Strahlung, gibt es keine Fenster. Diese Einflüsse werden nicht wahrgenommen.
Die Sinnesorgane des Menschen ermöglichen die Wahrnehmung von Licht (nur bestimmte Farben) und Geräuschen (nur bestimmte Tonhöhen). Durch sie kann man riechen, schmecken, fühlen und Wärme spüren. Diese Eindrücke kommen wie durch „Fenster" zu einem. Anderes können wir nicht wahrnehmen, weil uns die Sinnesorgane (Fenster) hierfür fehlen: Fledermausrufe, Röntgenstrahlung, den Geruch einer Menschenspur. Andere Tiere haben andere Sinnesorgane, die wie Fenster andere Eindrücke der Umwelt durchlassen und sie wahrnehmen lassen.
b) Modell für die Katze

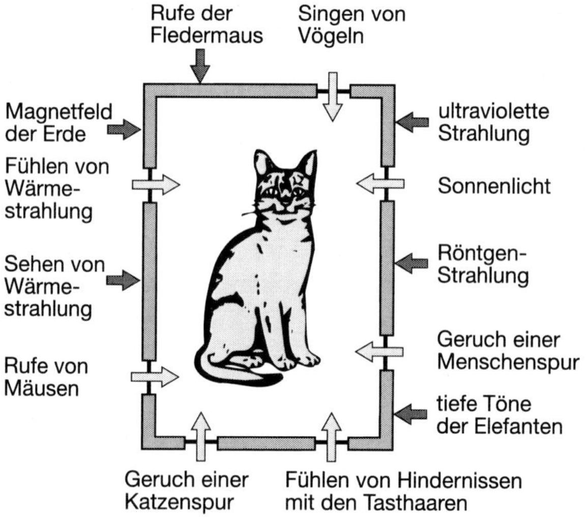

Die Katze kann hohe Töne von Mäusen hören. Sie kann mit Tasthaaren tasten und den Geruch einer Menschenspur riechen. Auch kann sie Sonnenlicht und Wärme wahrnehmen. Sie kann wie der Mensch aber auch weder das Magnetfeld der Erde oder Röntgenstrahlung wahrnehmen noch die Rufe der Fledermaus hören.
c) Tiere verschiedener Arten haben unterschiedliche Fenster für ihre Wahrnehmung der Umwelt. Diese unterschiedlichen Fenster entsprechen Sin-

nesorganen mit verschiedenen Leistungen. Sie ermöglichen, bestimmte Eigenschaften der Umwelt wahrzunehmen und andere nicht. Daher ergibt sich für jedes Tier eine andere Sinneswelt.

2.9 Reiz – Reaktion

Vom Reiz zur Reaktion	**1.** Abb. 1, 2
Reaktionszeit	**3.** Abb. 4, 5
Vergleich Organismus / Computersystem (EVA)	**2.** Grundwissen
Einfluss von Störungen	**4.** Abb. 2, 3

1.

Das Schema ist ein Fließdiagramm, das die Vorgänge vom Reiz bis zur Reaktion darstellt: Reize aus dem Körperinneren oder aus der Umwelt werden von Sinnesorganen erfasst, über das Nervensystem zum Gehirn geleitet und dort mit bisherigen Erfahrungen abgeglichen. Es entsteht die Empfindung, diese wird im Gehirn bewertet und eine Reaktion wird ausgelöst.
Die Angaben in Schema und Grundwissentext decken sich im Wesentlichen. Das Grundwissen ist allerdings ausführlicher (z.B. bei der Unterscheidung in sensorische und motorische Nerven).

2.

Mögliches Fließdiagramm:
Sehen des Balles → Einschätzung der Größe, Schwere und Geschwindigkeit des Balles → Verfolgen der Bewegung des Balles und gedankliches Weiterverfolgen der Flugbahn, Berechnung des voraussichtlichen Ort des Auftreffens → Laufen zur Stelle des vermuteten Auftreffens → Heben der Arme → Halten der Hände in der richtigen Position und im richtigen Abstand → Bei Auftreffen des Balls Kraftaufwendung mit den Händen entgegen der Flugrichtung des Balles → Gleichzeitig schnelles Zusammenführen der Hände, um den Ball festzuhalten → Bei fest geworfenem Ball gleichzeitig leichtes Beugen der Beine und Ausgleichsbewegung, um den Schwung abzufangen und den Stand zu stabilisieren.
Möglicher Vergleich:
- Sehen des Balles (E),
- Einschätzung der Größe, Schwere und Geschwindigkeit des Balles (V),
- Verfolgen der Bewegung des Balles und gedankliches Weiterverfolgen der Flugbahn, Berechnung des voraussichtlichen Ortes des Auftreffens (E, V),
- Laufen zur Stelle des vermuteten Auftreffens (A),
- Heben der Arme (A),
- Halten der Hände in der richtigen Position und im richtigen Abstand (V, A),
- Bei Auftreffen des Balls Kraftaufwendung mit den Händen entgegen der Flugrichtung des Balles (A),
- Gleichzeitig schnelles Zusammenführen der Hände, um den Ball festzuhalten (A),
- Bei fest geworfenem Ball gleichzeitig leichtes Beugen der Beine und Ausgleichsbewegung, um den Schwung abzufangen und den Stand zu stabilisieren (A).

3.

Mögliche Versuchsbeschreibung: Eine Person hält das Lineal senkrecht mit der Nullmarke nach unten. Eine zweite Person ist die Versuchsperson. Sie hält Daumen und Zeigefinger in Höhe der Nullmarke. Sie versucht, das Lineal zu fassen, sobald die erste Person es loslässt. Aus der Fallstrecke des Lineals lässt sich die Reaktionszeit ablesen.
Versuchsdurchführung und Auswertung: individuelle Lösung.

4.

Individuelle Lösung.
Es ist zu erwarten, dass die Farben in Reihe A schnel-

ler in der richtigen Reihenfolge genannt werden als in Reihe B.
Die Farben in der Reihe A entsprechen als Umweltreize unmittelbar den bisherigen Erfahrungen, die im Gehirn schnell ausgewertet werden und zu einer schnellen Reaktion führen (Wiedergabe der Reihenfolge). In Reihe B sind außer den Farben weitere Informationen vorhanden, die in dieser Kombination neu sind. Der Abgleich mit bisherigen Erfahrungen im Gehirn erfordert mehr Zeit. Irritationen werden dadurch erzeugt, dass die Wortangaben der Farben nicht mit den Farben der jeweiligen Buchstaben übereinstimmen.

2.10 Die Pupillenreaktion ist ein Regelungsvorgang

Veränderung der Pupillengröße	**1.** Abb. 1–3
Pfeildiagramme zu Regelungsvorgängen	**2.**
Pupillenreaktion für beide Augen	**3.** Abb. 4

1.

Die Größe der Pupille ist durch die Pupillenreaktion so eingestellt, dass die Lichtintensität, die zur Netzhaut gelangt, nicht zu groß und nicht zu klein ist. In einem hellen Raum ist die Pupillengröße relativ klein eingestellt.
Tritt man aus einem hellen Raum in eine dunkle Umgebung, so nimmt die Lichtintensität auf der Netzhaut plötzlich ab. Die Lichtsinneszellen werden kaum gereizt, die Wahrnehmung kann stark eingeschränkt sein.
Die abnehmende Lichtintensität auf der Netzhaut führt über die Regelung zur Vergrößerung der Öffnungsweite der Pupille. Die Lichtintensität auf der Netzhaut nimmt zu. Umgekehrt gilt ebenso: Steigt die Lichtintensität auf der Netzhaut, so führt die Regelung zu einer Verkleinerung der Öffnungsweite der Pupille. Die Lichtintensität auf der Netzhaut nimmt ab.

2.

– Jemand spart 1000 Euro mit einer jährlichen Verzinsung von zwei Prozent.
Nach einem Jahr beträgt das Guthaben 1020,00 Euro, nach zwei Jahren 1040,40 Euro, nach drei Jahren 1061,28 Euro, nach vier Jahren 1082,58 Euro und nach fünf Jahren 1104,06 Euro.
Je mehr Geld auf dem Konto ist, desto mehr Zinsen fallen an.
Je mehr Geld auf dem Konto bleibt, desto mehr steigt der Zugewinn.
(+) gleichsinnige Beziehung; je mehr ... desto mehr

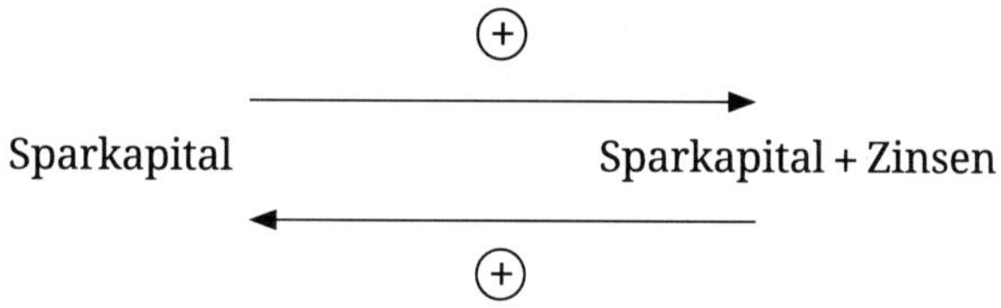

– Je höher der Gehalt an Kohlenstoffdioxid im Blut ist, desto intensiver erfolgt die Atmungsfrequenz.
Je mehr Kohlenstoffdioxid im Blut ist, desto mehr Atemzüge erfolgen pro Zeiteinheit.
(+) gleichsinnige Beziehung; je mehr ... desto mehr
Je mehr Atemzüge pro Zeiteinheit, desto weniger Kohlenstoffdioxid ist im Blut.
(−) gegensinnige Beziehung: je mehr, desto weniger

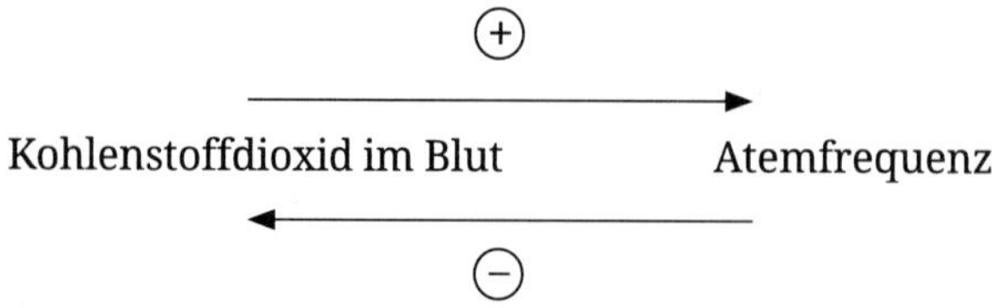

– Wassertrinken beeinflusst den Wassergehalt im Blut. Eine geringfügige Abnahme des Wassergehalts im Blut führt bei gesunden Menschen zu Durst bzw. zur Aufnahme von Flüssigkeit.

Je weniger Wasser im Blut ist, desto mehr Durst führt zur Wasseraufnahme.

⊖ gegensinnige Beziehung: je weniger... , desto mehr

Je mehr Wasser aufgenommen wird desto mehr Wasser gelangt in das Blut.

⊕ gleichsinnige Beziehung; je mehr ... desto mehr

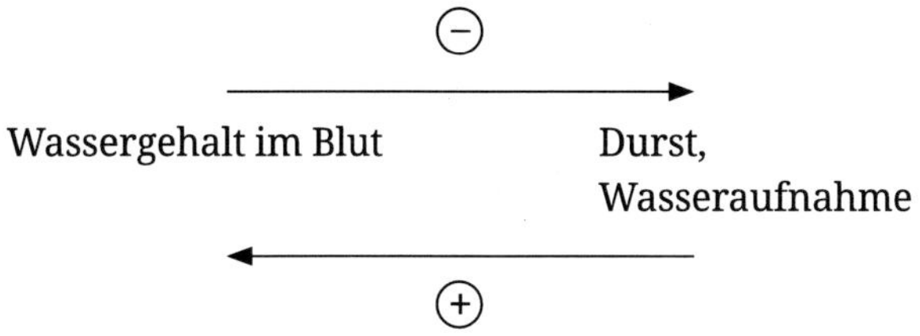

– Muskeln können sich aktiv nur zusammenziehen, nicht aber aktiv strecken. Die meisten Muskeln arbeiten paarweise zusammen. Zum Beispiel Armbeuger und Armstrecker. Je stärker sich der Armbeuger (Armstrecker) kontrahiert, desto stärker wird der Armstrecker (Armbeuger) gestreckt. Das heißt anders ausgedrückt: Je stärker sich der eine Muskel kontrahiert, umso weniger ist der Gegenspieler kontrahiert. Es ist in beiden Richtungen eine gegensinnige Beziehung.

⊖ gegensinnige Beziehung: je mehr... desto weniger

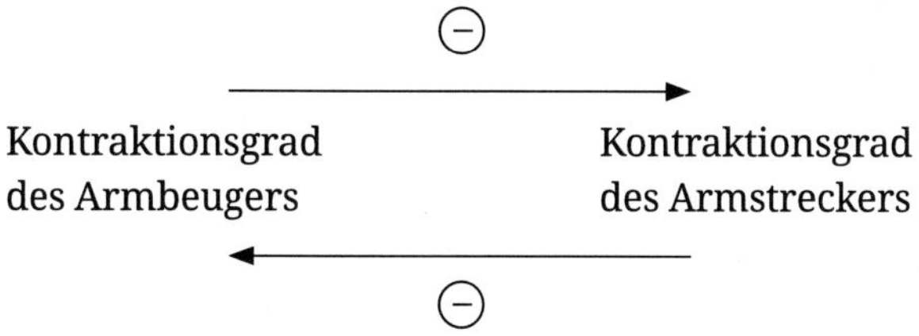

3.

Individuelle Lösung.

3 Sucht

3.1 Sucht ist vielfältig

Verschiedene Suchtformen	Abb. 1
Suchtbegriffe	**1.**
Gewohnheiten und ausweichendes Verhalten	**2., 3.**
Sucht isoliert	**4.** Abb. 2
Aspekte der Sucht	**5.**

1.

Abhängigkeit (Sucht): Unter Abhängigkeit oder Sucht versteht man den Zustand eines Menschen, in dem er kaum oder gar nicht fähig ist, auf Drogen oder bestimmte Verhaltensweisen zu verzichten.
Legale Drogen: Alkohol, Tabak und bestimmte Medikamente, deren Erwerb unter bestimmten Voraussetzungen (z. B. Altersbeschränkung, Rezeptpflicht) gesetzlich erlaubt ist.
Illegale Drogen: Drogen, deren Erwerb, Verbreitung und Gebrauch unter Strafe steht. Beispiele hierfür sind Haschisch, Heroin, Kokain oder Ecstasy.
Stoffungebundene Sucht: Manche Formen von Abhängigkeit sind nicht an einen oder mehrere Stoffe gebunden. Zu diesen Verhaltenssüchten zählt man z. B. Computerspiel- oder Internetsucht, Kaufsucht, Magersucht und Glücksspielsucht.
Gewöhnung: Nach anfänglich nur gelegentlichem Konsum von Drogen kann der Körper eine Gewöhnung für die zugeführte Droge entwickeln. Die Wirkung lässt nach, sodass der Konsument der Droge diese dem Körper häufiger und in größerer Menge zuführt.
Entzugserscheinungen: Wenn eine süchtige Person ihre Droge nicht einnimmt, treten Entzugserscheinungen auf. Diese äußern sich als körperliche Reaktionen wie Unruhe, Zittern, Frieren, Erbrechen und Schmerzen.

2.

a) Individuelle Lösung.
Wichtig ist, dass die Schülerinnen und Schüler zum Nachdenken über ihr eigenes Verhalten angeregt werden.
b) Individuelle Lösungen, z. B. die gemeinsame Suche nach alternativen Handlungsweisen. Hierzu können z. B. gehören: Fußball spielen, Musik machen, sich mit Freunden treffen oder bei Projekten von Greenpeace, DRK usw. mitmachen.

3.

Ausweichendes Verhalten meint das Vermeiden der direkten Auseinandersetzung mit zum Teil ganz alltäglichen Problemen, wie z. B. dem Erledigen der Hausaufgaben oder dem Aufräumen des Zimmers. Sucht ist immer auch mit ausweichendem Verhalten verbunden. Es gibt viele Wege, Alltagsproblemen aus dem Weg zu gehen. Wer nicht lernt, dass man auch unangenehme Situationen durchstehen kann oder dass Streit zwischen Menschen manchmal notwendig und gewinnbringend sein kann, wird eher versuchen, Problemen auszuweichen, als jemand, der bereits früh in der direkten Auseinandersetzung mit Alltagsproblemen ein Verhaltensrepertoire entwickeln kann, mit dem er der Realität später sachlich und angemessen begegnen kann.
Menschen, die Problemen oder Konflikten aus dem Weg gehen, können innere Spannungen aufbauen, die schließlich unerträglich werden. Mithilfe der Sucht werden Spannungen eine Zeit lang ausgehalten. Die zugrunde liegenden Probleme bleiben dabei bestehen.

4.
In dem Text „Der kleine Prinz und der Säufer“ geht es vor allem um das mangelnde Selbstwertgefühl eines Drogenabhängigen. Der Abhängige empfindet aufgrund seines Kontrollverlustes, also der Unfähigkeit mit dem Trinken aufzuhören, eine wachsende Unfreiheit, die ihm anderen Menschen gegenüber peinlich ist. Er versucht zu verdrängen und den Kontakt mit anderen Menschen zu meiden. Die Folge ist eine zunehmende soziale Isolation, aus der er ohne Hilfe von außen kaum noch in die Gesellschaft zurückkehren kann.

5.
Mögliche Mindmap:

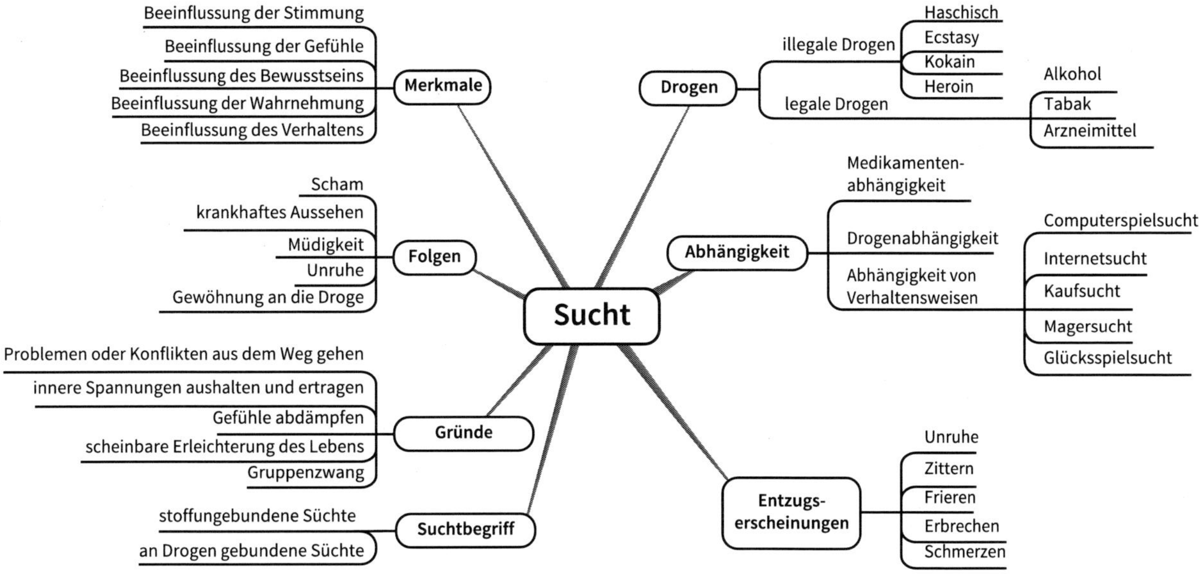

3.2 Entstehung von Drogensucht

Entstehung von Drogensucht Das 4-M-Modell	Abb. 1	Das 5-Faktoren-Modell	**3.** Abb. 3, 1
Analyse eines Fallbeispiels	**2.** Abb. 2, 1	Das Eisberg-Modell	**4.** Abb. 4
Gedanken zum Foto	**1.** Abb. 1	Vermeintliche Verbesserungen	**5.**

1.
Individuelle Lösung. Die Lösungen können deutlich variieren, da sie von Empathie und eigenen Erfahrungen und Assoziationen beeinflusst sind.

Mögliche Stichworte zum Bild: Einsamkeit, Sehnsucht, Suizidgedanken, wegschwimmen, Kälte, Ziellosigkeit, nicht wissen wohin, den Kopf frei kriegen, Weite, Spannungen abfließen lassen, …

2.

Mensch: Peter ist eigentlich eher schüchtern und zurückhaltend. Offensichtlich hat er Schwierigkeiten, seine Gefühle auszudrücken. Auch scheint er unter Minderwertigkeitsgefühlen zu leiden: „Hätte ich nein zum Alkohol gesagt, wäre ich ein Schwächling gewesen." „In der Gruppe galt ich früher als Schwächling, keiner akzeptierte mich. Der Alkohol half, mich lockerer zu machen, cooler."

Mittel: Alkohol bewirkt, dass Peter seine Unsicherheit verliert und sein Selbstwertgefühl subjektiv zunimmt.

Milieu: Peter wächst in einem sozialen Umfeld auf, in dem das Trinken alkoholischer Getränke offensichtlich selbstverständlich ist. Seine „Vorbilder" sind seine Freunde, seine Eltern.

Markt: Jugendliche kommen leicht an die Droge Alkohol. Alkohol ist in Deutschland eine legale Droge und wird kulturell toleriert. Gesetzliche Einschränkungen, wie z. B. Altersbegrenzungen, werden häufig umgangen.

3.

Beide Modelle wurden entwickelt, um zu erklären, wie es zur Sucht kommt. Das 4M-Modell versucht mit den 4 Faktoren Mensch, Mittel, Milieu und Markt die Ursachen und Bedingungen einer Sucht zu ergründen. Verhaltenssüchte bleiben unklar. Das 5-Faktoren-Modell zur Entstehung einer Drogensucht legt die Faktoren Voraussetzungen, Begünstigende Faktoren, Entstehungszusammenhänge, Gesellschaftliche Rahmenbedingungen und Anlässe zu Grunde.

4M-Modell		5-Faktoren-Modell	
Mensch	Das Selbstwertgefühl eines Menschen und seine Möglichkeiten, Belastungen zu ertragen, Probleme zu lösen, Gefühle auszudrücken sowie Beziehungen zu anderen Menschen zu knüpfen, sind entscheidende Faktoren, die an der Entwicklung einer Sucht beteiligt sind oder sie verhindern können. Hinzu kommen noch genetische Faktoren.	Voraussetzungen	Positive Wirkung der Droge, Konsum-Vorbild
		Begünstigende Faktoren	Biografische Voraussetzungen, Erziehungsfehler
Mittel	Auch die Droge selbst ist an der Entwicklung einer Abhängigkeit beteiligt. Dabei sind folgende Fragen wichtig: Wie wirkt die Droge? Wie muss sie aufgenommen werden? Wie schnell gewöhnt sich der Körper an die Droge? Welche Begleit- und Entzugserscheinungen treten auf?	Entstehungszusammenhänge	z. B. dass jüngere Menschen empfindlicher auf Drogenwirkungen reagieren
Milieu	Unter dem Milieu versteht man die Umgebung, den Lebensbereich eines Menschen. Auch Vorbilder, die einen Menschen stark beeinflussen, sind an der Entwicklung eines Suchtverhaltens beteiligt. Zum Milieu-Einfluss zählen insbesondere die Familie, Freunde und Freundinnen, die Clique sowie die Gesellschaft mit bestimmten Traditionen, Gesetzen und Modevorschriften.	Anlässe	Bestimmte Situationen in einer Gruppe
Markt	Das Drogenangebot, der Preis und die Werbung für Drogen sind nicht zu unterschätzende Faktoren bei der Entwicklung einer Sucht.	Gesellschaftliche Rahmenbedingungen	Moralvorstellungen, Gesetze des Marktes

Vergleich: Beide Modelle berücksichtigen weitgehend gleiche Faktoren, allerdings unter anderer Schwerpunktsetzung. Das 4M-Modell wirkt differenzierter (z. B. bei dem Faktor „Mittel“), während die Faktoren des 5-Faktoren-Modells die vernetzten und die soziologischen Zusammenhänge stärker berücksichtigen.

4.

a) Im Rahmen des Eisberg-Modells verstehen wir jeden Menschen als einen Eisberg. Der größte Teil des Berges befindet sich unter Wasser. Er ist für die Mitmenschen also nicht sichtbar. Hier finden wir Gefühle, Abhängigkeiten von anderen Menschen, von bestimmten Werten und Normen, aber auch Beziehungen zu anderen Menschen und die Probleme, die es dabei gibt. Für alle sichtbar, ist nur die „Spitze des Eisbergs": die Sucht. Die ganz individuellen und sehr persönlichen Gründe, die einen Menschen süchtig gemacht haben, bleiben den meisten Menschen verborgen.
Hinweis: Ergänzt werden könnten Wörter wie z. B. Schüchternheit, mangelndes Selbstbewusstsein, negative Erlebnisse, mangelnde Problemlösefähigkeit.
b) Das Hauptproblem des Eisberg-Modells ist die Beschränkung auf die Person des Süchtigen. Die für die Entstehung einer Sucht wichtigen Aspekte, wie das soziale Umfeld und die Drogenart und ihre Wirkung, bleiben unberücksichtigt. Dies ist jedoch gleichzeitig auch die Stärke des Eisberg-Modells: Die Hilfe für den Süchtigen sollte zunächst beim Süchtigen selbst ansetzen. Dafür ist es notwendig, mehr über den „unsichtbaren Bereich" dieser Person zu erfahren. Das Eisberg-Modell bietet hierbei eine sinnvolle Hilfe. Außerdem kann es im Gegensatz zum 4M-Modell bei der Erklärung der Entstehung von Verhaltenssüchten helfen.

5.

Das Hineinversetzen in einen Menschen ist eine wichtige Sichtweise, um zu beurteilen inwiefern der Drogenrausch für diesen Menschen eine Verbesserung seiner Lebensbedingungen darstellt. Dies allein reicht jedoch noch nicht aus, um die Entstehung der Sucht eindeutig zu begründen. Auch andere Aspekte, wie „Mittel“, Markt“ oder „Milieu“, aber auch die Drogenart und das soziale Umfeld beeinflussen das Entstehen einer Sucht sehr stark. Diese Aspekte sind individuell verschieden und von anderen meist schwer nachzuvollziehen.

M Portfolio

–

3.3 Alkoholmissbrauch

Situation auf einer Party	**2.**
Alkohol – zwar legal, aber dennoch gefährlich	**1.** Abb. 1, 2
Alkohol und Jugendschutzgesetz	**3.** Abb. 3
Forderungen zum Umgang mit Alkohol	**4.**

1.
Individuelle Lösung.

2.
Individuelle Lösung.
Der Schwerpunkt sollte die Möglichkeiten aufzeigen, in entsprechenden Situationen „Nein" sagen zu können. Es kann deutlich werden, dass diese Fähigkeit nicht Schwäche, sondern Stärke bedeutet.

3.
Nach dem Jugendschutzgesetz ist Peter, der 15 Jahre alt ist, ein Jugendlicher (§1). Nach §9 dürfen an Jugendliche unter 16 Jahren keinerlei alkoholhaltige Getränke verkauft werden. Der Kassierer oder die Kassiererin im Supermarkt muss vom Jugendlichen, der Alkohol kaufen möchte, einen Altersnachweis fordern. Daraus ergibt sich, dass kein Alkohol an Peter verkauft werden darf.

4.
Individuelle Lösung, z. B. mit folgenden Argumenten:

Forderung	Positive Auswirkungen	Negative Auswirkungen
Preise für Alkohol anheben	es wird weniger Alkohol gekauft und getrunken	weniger Steuereinnahmen; Alkohol wird inoffiziell in unreiner Qualität produziert und auf dem Schwarzmarkt gehandelt
Werbung für alkoholische Getränke einschränken	Alkohol ist in den Medien weniger präsent, das Bedürfnis nach Alkohol wird nicht so oft geweckt; Alkohol gilt nicht mehr als „normal" oder „in"	Weniger Umsatz der Alkoholproduzenten, des Handels und der Werbefirmen; weniger Steuereinnahmen
Promillegrenze bei Radfahrern senken	weniger Unfälle durch betrunkene Radfahrer	
Alkohol nicht auf der Arbeit ausschenken	Leistungsfähigkeit der MitarbeiteInnen wird nicht eingeschränkt; das Bedürfnis nach Alkohol wird nicht so oft geweckt; Alkohol gilt nicht mehr als „normal"; Peinlichen Situationen mit Kollegen wir vorgebeugt; Alkoholiker werden nicht animiert, zu trinken	

3.4 Essstörungen

Magersucht und Ess-Brech-Sucht (Bulimie)	**1., 2.** Abb. 1, 2, 3
Die Bedeutung von gesellschaftlichen Idealen und Werbung	**3.** Abb. 4, 5

1.

Biologische Bedingungen:
- Möglicherweise spielen genetisch bedingte Veranlagungen eine Rolle.

Psychologische Bedingungen:
- Mangelnde Fähigkeit zur Lösung von Konflikten
- Bedingungen in der Familie

Gesellschaftliche Einflüsse:
- In der Gesellschaft gelten schlanke Menschen als schön.
- Das Schlankheitsideal wird durch Werbung und Medien bestätigt und verstärkt.

Körperwahrnehmungsstörung:
- Trotz zum Teil extremer Gewichtsabnahme halten sich Magersüchtige für zu dick.

Verändertes Essverhalten:
- Die Betroffenen vermeiden zu essen und essen nur noch geringste Nahrungsmengen.

Gewichtsverlust:
- Magersüchtige nehmen immer weiter ab.

Körperliche Veränderungen:
- Menstruation bleibt aus.
- Der Blutdruck nimmt ab, der Herzschlag verlangsamt sich.
- Die Körpertemperatur sinkt.
- Es kann zu Hautproblemen, Haarausfall, Muskelschwäche sowie Vitamin- und Mineralsalzmangel kommen.

Psychische Veränderungen:
- Panische Reaktionen auf Gewichtszunahme im Grammbereich.
- Die Kontrolle über das Körpergewicht erhöht das Selbstwertgefühl der Magersüchtigen.

2.

Individuelle Lösung, z. B.

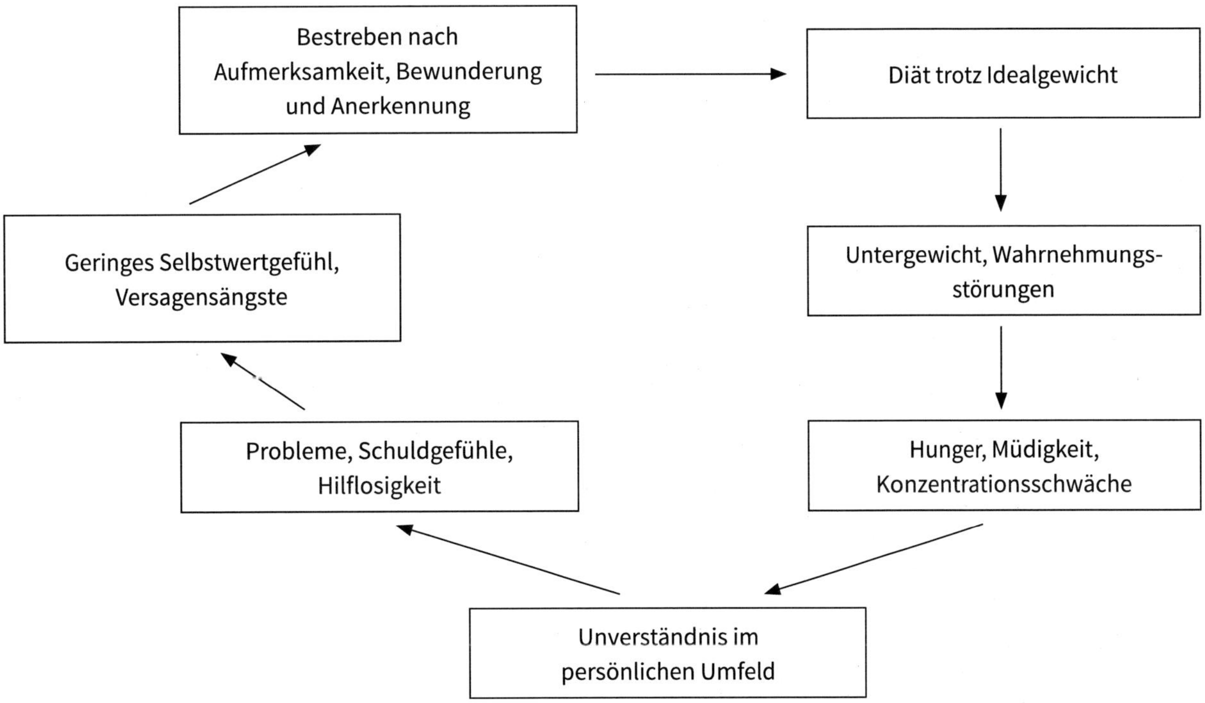

3.

Das gesellschaftliche Schlankheitsideal hat sich offensichtlich verändert. Heute ist schön, wer sehr schlank ist. Dieses Schönheitsideal kann insbesondere pubertierende Mädchen und junge Frauen unter den Druck setzen, diesem Ideal entsprechen zu müssen. Diese Menschen sind besonders empfänglich für Einflüsse von außen, da sie bezüglich ihres Körpers unsicher sind. Gemeinsam mit den sich gerade während der Pubertät häufenden Konflikten mit den Eltern können diese Verunsicherungen zu einer gestörten Körperwahrnehmung führen. Diese Bedingungen begünstigen die Entstehung einer Sucht.

Beispiel: Eine zunächst erfolgreiche Diät kann einem Menschen das Gefühl vermitteln, dass er die Kontrolle über sein Körpergewicht hat. Je mehr er dem gesellschaftlichen Ideal entspricht, desto selbstbewusster wird er. Nimmt der Mensch immer mehr ab, weil er dem gesellschaftlichen oder persönlichen Ideal noch näher kommen möchte, kann dies zu einem Kontrollverlust im Essverhalten führen: Spätestens jetzt liegt eine Essstörung vor.

B Wiederholen – Üben – Festigen zum Thema „Sinnesorgane erschließen die Umwelt"

1.

a) *Hinweis:* einige Worterklärungen müssen hier eigenständig formuliert werden. Sie sind nicht im Glossar am Ende des Schulbuchers enthalten.

Kommunikation: Wenn zwischen zwei oder mehr Menschen Informationen übertragen werden, spricht man von Verständigung oder Kommunikation. Die Informationen werden von einem Menschen, dem Sender, auf einen anderen Menschen, den Empfänger übertragen. Menschen verständigen sich hauptsächlich mit der Wortsprache (verbale Kommunikation).

nonverbale Kommunikation: Auch ohne Wortsprache können wesentliche Informationen durch nonverbale Kommunikation zwischen Menschen ausgetauscht werden. Nonverbale Kommunikation wird durch Gestik und Mimik ausgedrückt.

Überlieferung: Werden Erfahrungen mithilfe von Wortsprache von Generation zu Generation übertragen, spricht man von Überlieferung.

Kultur: Unter Kultur versteht man alles von Menschen oder Menschengruppen Geschaffene.

adäquater Reiz: Auf adäquate Reize spricht eine Sinneszelle besonders an. Zum Beispiel ist das sichtbare Licht ein adäquater Reiz für die Stäbchen und Zapfen in der Netzhaut.

ultraviolette Strahlung ist kurzwellige, energiereiche Strahlung. Der Mensch besitzt keine Sinneszellen für ultraviolette Strahlung (UV-Licht). Im Unterschied zum Menschen können Bienen ultraviolettes Licht wahrnehmen.

infrarote Strahlung ist langwellige Strahlung, die der Mensch nicht sehen, aber über Sinneszellen in der Haut als Wärme wahrnehmen kann.

Pupille: Die Pupille ist eine kreisförmige Öffnung der Iris und lässt Lichtstrahlen durch. Die Größe der Pupille ist mit der Pupillenreaktion über die Irismuskulatur veränderbar.

Akkommodation nennt man die Anpassung des Auges an unterschiedliche Sehentfernungen durch Veränderung der Linsenwölbung über den Ringmuskel, der um die Linse herum verläuft. Bei der Nahakkommodation ist die Linse stärker gewölbt, bei der Fernakkommodation wird sie abgeflacht.

Blinder Fleck: Die elektrischen Signale aller Lichtsinneszellen werden an die Sehnervzellen weitergeleitet. Ihre Ausläufer werden gebündelt und bilden den Sehnerv. Wo er das Auge verlässt, gibt es keine Sinneszellen. Diese Stelle bezeichnet man als Blinden Fleck.

Gelber Fleck: Stelle des schärfsten Sehens in der Netzhaut, ungefähr gegenüber der Linsenmitte. Hier befinden sich nur Zapfen.

weitsichtig: Augenfehler, bei dem nahe gelegene Gegenstände nicht scharf gesehen werden können. Ursache ist ein verkürzter Augapfel oder fehlende Elastizität der Augenlinse (Altersweitsichtigkeit). Die Korrektur erfolgt durch Sammellinsen.

kurzsichtig: Sehfehler, bei dem weit entfernte Gegenstände nicht scharf gesehen werden können. Ursache ist ein zu langer Augapfel. Die Korrektur erfolgt durch Zerstreuungslinsen.
Wahrnehmung: Vorgang im Gehirn, bei dem den von den Sinnesorganen kommenden Informationen eine Bedeutung zugeordnet wird.
Stressreaktion: Die Stressreaktion beginnt im Gehirn. Sie kann zum Beispiel durch Lärm ausgelöst werden. Wird der Lärm dort wahrgenommen, veranlasst das Gehirn eine Ausschüttung von Stresshormonen, wie Cortisol, Noradrenalin und Adrenalin. Dadurch steigt der Blutdruck, das Herz schlägt schneller und Energie wird vermehrt für die Muskeln bereitgestellt.
Sucht: Unter Abhängigkeit oder Sucht versteht man den Zustand eines Menschen, in dem er kaum oder gar nicht fähig ist, auf Drogen oder bestimmte Verhaltensweisen zu verzichten. Eine Sucht entwickelt sich oft schleichend.
Drogen: Drogen sind Stoffe, die auf das zentrale Nervensystem einwirken und die Befindlichkeit, Stimmungen und Wahrnehmungen beeinflussen. Es gibt legale und illegale Drogen.

b) Individuelle Lösung.

2.

Die Abbildung zeigt einen Menschen in einem Raum. Durch die Fenster dringen verschiedene Eindrücke aus seiner Umwelt auf ihn ein, z. B. Hitze und der Geruch von Bratwurst. Für andere Umweltfaktoren, z. B. das Magnetfeld der Erde und ultraviolette Strahlung, gibt es keine Fenster. Diese Einflüsse werden nicht wahrgenommen. Die Sinnesorgane des Menschen ermöglichen die Wahrnehmung von Licht (nur bestimmte Farben) und Geräuschen (nur bestimmte Tonhöhen). Durch sie kann man riechen, schmecken, fühlen und Wärme spüren. Diese Eindrücke kommen wie durch „Fenster" zum Menschen. Bestimmte andere Reize kann der Mensch nicht wahrnehmen, weil die Sinnesorgane (Fenster) hierfür fehlen: Fledermausrufe, Röntgenstrahlung, den Geruch einer Menschenspur. Tiere haben andere Sinnesorgane, die ebenfalls wie Fenster andere Eindrücke der Umwelt durchlassen, sodass diese wahrgenommen werden.

3.

a) Die Grafik zeigt die unterschiedliche Empfindlichkeit der drei Zapfentypen. Blauviolett-empfindliche Zapfen reagieren maximal auf Licht der Wellenlange 450 nm, was blauvioletter Farbe entspricht. Grün-empfindliche Zapfen reagieren besonders empfindlich auf Licht mit einer Wellenlange von 540 nm (grün-gelb) und rot-empfindliche Zapfen auf Licht der Wellenlange 600 nm (rot). Auf Licht mit Wellenlängen ähnlich zum Optimum reagieren alle Zapfen auch, aber zunehmend weniger empfindlich. Der Empfindlichkeitsverlauf ist glockenförmig. Die Bereiche, in denen die Zapfentypen empfindlich sind, überschneiden sich teilweise, z. B. reagieren alle Zapfen auf blau-grünes Licht (500 nm), die grünempfindlichen Zapfen sehr stark, beide anderen Typen nur sehr schwach. Jeder Farbe entspricht so ein bestimmtes Reaktionsmuster der drei Zapfentypen. Auf UV-Licht, das kurzwelliger ist als 400 nm, und auf Infrarot-Licht mit Wellenlängen über 660 nm reagieren keine Zapfen, dieses Licht wird von Menschen nicht wahrgenommen.
Im Vergleich zum Menschen sehen Bienen mehr im kurzwelligen Bereich. Sie können UV-Licht wahrnehmen. Allerdings liegt ihre Obergrenze in der wahrgenommenen Wellenlänge bereits im Bereich des gelben Lichts. Orange und Rot können sie nicht mehr als Farben sehen.
b) Der Hörschaden ist auf einen bestimmten Frequenzbereich konzentriert: Tiefe Töne mit Frequenzen unter 0,5 kHz werden normal wahrgenommen. Am größten ist der Hörverlust für Töne mit Frequenzen zwischen 3 und 4 kHz, hier beträgt er fast 50 dB. Das bedeutet, dass ein Ton 50 dB lauter sein muss als für gesunde Personen, um wahrgenommen zu werden. Ab einer Frequenz von 4 kHz wird der Hörverlust geringer und nähert sich bis 12 kHz einem Normalwert an.
Je größer die Amplitude der Schwingung ist, umso lauter erscheint der Ton. Die Lautstärke in dB beschreibt den Schalldruck, mit dem eine Schwingung auf das Trommelfell trifft (z. B. die Zahl der Teilchen der Luft, die in einer bestimmten Zeit auf das Trommelfell auftreffen). *Hinweis:* Sprache liegt ungefähr im Bereich Frequenzbereich zwischen 300 Hz und 5 kHz. Eine Person mit dem gezeigten Hörschaden wird geflüsterte Worte und gedämpfte Unterhaltun-

gen nicht hören können.
Mögliche Ursachen: Ab 85 dB können Hörschäden entstehen. Das entspricht dem Schalldruck von über Kopfhörer gehörter Musik (85 -110 dB). Bei einem Rockkonzert beträgt der Schalldruck 110 – 120 dB und ein Düsenflugzeug im Standlauf erzeugt einen Schalldruck von 105 – 130 dB. Ab 130 dB droht Taubheit.

c) Bei manchen Menschen ist auch bei einem auf große Entfernung eingestellten Auge die Brechung der Linse noch so groß, dass das Bild nicht auf, sondern vor der Netzhaut scharf abgebildet wird. Die Ursache dieser Kurzsichtigkeit ist ein zu langer Augapfel. Die Korrektur erfolgt durch Zerstreuungslinsen.
Sind Menschen weitsichtig, würde das scharfe Bild bei nahen Gegenständen hinter der Netzhaut entstehen. Ursache ist ein verkürzter Augapfel oder fehlende Elastizität der Augenlinse (Altersweitsichtigkeit). Die Korrektur erfolgt durch Sammellinsen.

4.

Die elektrischen Signale der Sinneszellen im Auge werden über Nerven zum Gehirn geleitet und dort verarbeitet. Die Wahrnehmung geschieht im Gehirn. Beim Auswerten der Signale vergleicht das Gehirn immer mit bekannten Erfahrungen aus dem Gedächtnis. Ein flüchtiger Blick auf Abbildung 4 zeigt ein Gesicht, das einen anblickt. Die nähere Betrachtung zeigt, dass das Gesicht aus Gemüse und Nüssen zusammengesetzt ist. Als Hut hat es eine Schüssel auf dem Kopf. Nach der Drehung um 180° sieht man eine Schüssel, die überquellend mit Gemüse gefüllt ist. In der vorderen Hälfte sind Rüben, eine Zwiebel, eine Kartoffel, Pilze und Nüsse zu sehen, in der hinteren Hälfte sieht man auch viele lange Blätter und weitere Rüben. Nach einer erneuten Drehung um 180° sieht man schnell wieder das Gesicht. Die Struktur „Gesicht“ ist in unseren Erfahrungen so stark als bekannt verankert, dass es schwer ist, sich davon zu lösen und nur ein auf dem Kopf stehendes Bild einer Gemüseschüssel zu sehen.
Abbildung 6 zeigt die Zeichnung eines Ganges. Auf dem Boden sind waagerechte und an den Wänden sind senkrechte Linien gezeichnet. Diese werden kleiner bzw. kürzer, je weiter sie sich hinten in dem Gang befinden. An drei Stellen ist eine Person gezeichnet: Vorne, in der Mitte und weit hinten. Die hintere Person erscheint größer als die vordere. Die Messung mit dem Lineal ergibt jedoch, dass die drei Personen gleich groß sind. Normalerweise würde man erwarten, dass die Personen wie auch die senkrechten Linien kleiner werden, je weiter sie sich hinten im Gang befinden. Es liegt eine optische Täuschung vor. Widersprechen die Erfahrungen diesem neuen Bild, können wir nichts damit anfangen oder wir sind erst einmal irritiert. Dass die hintere Person größer erscheint als die vordere, liegt daran, dass wir eigentlich in der Entfernung stehende Personen perspektivisch kleiner wahrnehmen. Dadurch, dass die senkrechten Linien nach hinten kleiner werden, erscheint die Person hinten größer, denn sie überragt ja die senkrechten Linien. Die vorne abgebildete Person ist kleiner als die vordere senkrechte Linie. Dadurch kommt die Sinnestäuschung zustande.

5.

a) Das gesellschaftliche Schlankheitsideal unterliegt Änderungen. In der Renaissance galten ausgeglichene Körperproportionen ohne übertrieben schlanke und füllige Merkmale als schön. Im Barock um 1540 entsprachen füllige Körperproportionen dem Schönheitsideal dieser Zeit. In den 1950er Jahren waren schöne Frauen schlank, aber nicht mager. Ein besonderes Schönheitsmerkmal dieser Zeit war die sogenannte „Wespentaille“. Heute gilt häufig als schön, wer sehr schlank ist.

b) Sehr magere Models in der Modewelt vermitteln den Eindruck, dass Untergewicht „schön“ sei. Dieses Schönheitsideal kann insbesondere pubertierende Mädchen und junge Frauen unter den Druck setzen, diesem Ideal entsprechen zu müssen. Diese Menschen sind besonders empfänglich für Einflüsse von außen, da sie bezüglich ihres Körpers unsicher sind. Gemeinsam mit den sich gerade während der Pubertät häufenden Konflikten mit den Eltern können diese Verunsicherungen zu einer gestörten Körperwahrnehmung fuhren. Diese Bedingungen begünstigen die Entstehung einer Sucht.
Beispiel: Eine zunächst erfolgreiche Diät kann einem Menschen das Gefühl vermitteln, dass er die Kontrolle über sein Körpergewicht hat. Je mehr er dem gesellschaftlichen Ideal entspricht, desto selbstbewusster wird er. Nimmt der Mensch immer

mehr ab, weil er dem gesellschaftlichen oder persönlichen Ideal noch näher kommen möchte, kann dies zu einem Kontrollverlust im Essverhalten führen. Als Magersucht bezeichnet man eine krankhafte Essstörung, bei der eine Person dauerhaft ein Körpergewicht herbeiführt, das wesentlich unter dem Normalgewicht liegt.

6.

2.1 Kommunikation beim Menschen

Information und Kommunikation: Wenn zwischen zwei oder mehr Menschen Informationen übertragen werden, spricht man von Verständigung oder Kommunikation. Die Kommunikation erfolgt verbal über Sprache und nonverbal über Gestik und Mimik. Eine Person sendet die Information, die andere empfängt die Information.

Struktur und Funktion: Im Gehirn aller Menschen ist schon bei der Geburt die Fähigkeit zum Verstehen und Sprechen angelegt. Menschen verständigen sich hauptsächlich mit der Wortsprache (verbale Kommunikation). Mundraum und Zunge sind so gebaut, dass es möglich ist, differenzierte Laute „zu senden". Ohren sind so gebaut, dass Laute differenziert „empfangen" werden können.

2.2 Vom Reiz zur Wahrnehmung

Struktur und Funktion: Lebewesen sind vielen Einflüssen ausgesetzt. Sie können aber nur solche Einflüsse als Reize wahrnehmen, für die sie Sinneszellen besitzen. Sinneszellen mit ähnlichen Aufgaben sind oft ähnlich gebaut und in Sinnesorganen zusammengefasst, z. B. die Geruchssinneszellen in der Nasenschleimhaut oder die Lichtsinneszellen im Auge.

Information und Kommunikation: Lebewesen nehmen mit ihren Sinnesorganen Informationen aus ihrem Körper und aus ihrer Umwelt auf. Die Haut ist als Grenzfläche des Körpers gegen die Umgebung mit besonders vielen Sinneszellen ausgestattet. Über sie erfolgt zum Beispiel die Informationsaufnahme für Wärme, Kälte und Schmerz. Das Ergebnis der Informationsverarbeitung kann im Gehirn Einfluss darauf haben, was ein Lebewesen tut und wie es sich verhält. Auch innerhalb eines Organismus werden Informationen ausgetauscht und weitergegeben. Sinneszellen wandeln Reize in elektrische Signale um, die von den Nerven zum Gehirn geleitet und dort verarbeitet werden. Im Gehirn entsteht dadurch eine Wahrnehmung.

2.3 Das Auge

Struktur und Funktion: Die Augen sind die Lichtsinnesorgane. Der Bau des Sinnesorgans Auge ist durch verschiedene Strukturen mit jeweils bestimmten Funktionen gekennzeichnet. Durch die Pupille gelangen die Lichtwellen zu den Sinneszellen der Netzhaut. Die Funktion der Pupille reguliert die einfallende Lichtmenge. Die Lichtsinneszellen der menschlichen Netzhaut werden ausgehend von ihrer Struktur in Stäbchen und Zapfen unterteilt. Die Zapfen nehmen bestimmte Wellenlängen des sichtbaren Lichtes auf, wandeln diese in elektrische Signale um. Im Gehirn entsteht ein Farbeindruck. Die Stäbchen nehmen schwache Lichtreize auf, sie ermöglichen dadurch ein Hell-Dunkel-Sehen, wenn die Lichtintensität für das Farbensehen nicht ausreicht.

Information und Kommunikation: Es gibt drei verschiedene Zapfentypen. Der Farbeindruck entsteht, indem die elektrischen Signale dieser Zapfentypen im Sehzentrum des Gehirns verarbeitet werden.

2.4 Akkommodation

Struktur und Funktion: Man bezeichnet die Anpassung des Auges auf unterschiedliche Entfernungen als Akkommodation. Sie wird durch die Veränderung der Wölbung der elastischen Linse mithilfe des Ringmuskels ermöglicht.

Information und Kommunikation: Auch innerhalb eines Organismus werden Informationen ausgetauscht und weitergegeben. Das im Auge entstehende Bild steht auf dem Kopf. Erst im Gehirn entsteht die Wahrnehmung des aufrechten Bildes.

Steuerung und Regelung: Wenn das fokussierte Objekt auf der Netzhaut nicht scharf abgebildet wird, wird über Kontraktion oder Erschlaffung des Ringmuskels die Wölbung der Linse verändert, sodass ein scharfes Bild entsteht.

2.5 Die optische Wahrnehmung

Struktur und Funktion: Beim Betrachten eines Gegenstandes werden beide Augen genutzt. Da diese den Gegenstand von unterschiedlichen Positionen betrachten, entstehen in den beiden Augen unterschiedliche Signale. Diese gelangen zum Gehirn und

werden dort zu einem räumlichen Gesamtbild zusammengefügt.
Information und Kommunikation: Auch innerhalb eines Organismus werden Informationen ausgetauscht und weitergegeben. Die elektrischen Signale der Sinneszellen im Auge werden über Nerven zum Gehirn geleitet und dort verarbeitet. Die Wahrnehmung entsteht im Gehirn. Aus den Signalen der beiden Augen entsteht im Gehirn ein räumlicher Eindruck.

2.6 Das Ohr
Struktur und Funktion: Beim Hörvorgang gelangen Schallwellen durch den äußeren Gehörgang zum Trommelfell und versetzen dieses in Schwingungen. Die Schwingungen übertragen sich auf die Gehörknöchelchen, die im Innenohr so angeordnet sind, dass die Schwingungen verstärkt werden. Die Sinneszellen, die für das Hören verantwortlich sind, befinden sich im Innenohr in dem mittleren Gang der Schnecke.
Information und Kommunikation: Die Sinneszellen, die für das Hören verantwortlich sind, erfassen Stärke und Frequenz von Schallwellen. Sie erzeugen elektrische Signale, die über Nerven zum Gehirn geleitet werden. Treffen die Schallwellen einer Geräuschquelle zeitlich versetzt an den beiden Ohren ein, ermittelt das Gehirn aus der Zeitdifferenz die Richtung, aus der das Geräusch kam.

2.7 Lärm und Stress
Information und Kommunikation: Während man die Lautstärke objektiv messen kann, wird Lärm subjektiv empfunden. Bewertet ein Mensch Geräusche seiner Umgebung negativ, so empfindet er sie als Lärm. Lärm kann im Körper eine Kettenreaktion bewirken, die im Gehirn beginnt. Das Gehirn veranlasst eine Ausschüttung von Stresshormonen wie Cortisol, Noradrenalin und Adrenalin. Dadurch steigt der Blutdruck und das Herz schlägt schneller. Treten Lärmbelästigungen häufig und wiederkehrend auf, entsteht ein ständiger Stresszustand mit negativen gesundheitlichen Folgen.

2.8 Vergleich von Hör- und Sehleistungen
Struktur und Funktion: Mit ihrem Bau sind Lebewesen an bestimmte Aufgaben (Funktionen) angepasst. Die Leistungen der Sinnesorgane von Tieren verschiedener Arten unterscheiden sich. Bienen besitzen Sinneszellen, die auf ultraviolette Strahlung reagieren. Blüten reflektieren ultraviolette Strahlung. Die Signale der Blütenpflanzen und das Sehvermögen der Bienen sind einander angepasst. Schlangen können mithilfe des Grubenorgans die Wärmestrahlung ihrer Beutetiere auch in der Dunkelheit wahrnehmen.
Information und Kommunikation: Lebewesen nehmen Informationen aus der Umwelt unterschiedlich wahr. Die Leistungen der Sinnesorgane von Tieren verschiedener Arten unterscheiden sich. Neben Unterschieden im Bereich des Farbensehens unterscheiden sich Tiere verschiedener Arten auch im Hörvermögen. Elefanten verständigen sich über Entfernungen von mehreren Kilometern mit sehr tiefen Tönen, Fledermäuse orientieren sich im Hörbereich sehr hoher Frequenzen.

2.9 Reiz – Reaktion
Information und Kommunikation: Wird ein Reiz durch ein Sinnesorgan, z. B. das Auge, aufgenommen, wird er über sensorische Nerven zum Gehirn geleitet. Die Signale aus der Netzhaut des Auges werden im Großhirn mit Gedächtnisinhalten verglichen. Erst danach wird im Großhirn eine Entscheidung über die Reaktion getroffen. Über motorische Nerven werden die Befehle an entsprechende Muskeln geleitet.
Steuerung und Regelung: Auf einen adäquaten Reiz folgt eine bestimmte Reaktion. Während der Signalverarbeitung im Gehirn und der Entscheidung über die Reaktion treffen laufend weitere Signale aus dem Auge und von anderen Sinnesorganen im Gehirn ein, sodass ständig auf Veränderungen der Situation reagiert werden kann. Es ist eine kontinuierliche Rückkopplung vorhanden. Ständig messen Sinnesorgane zum Beispiel die Temperatur. Das Gehirn reagiert auf Veränderungen. Durch Regelungsvorgänge bleibt die Körpertemperatur konstant.

2.10 Die Pupillenreaktion ist ein Regelungsvorgang.
Struktur und Funktion: Durch die Pupille gelangen die Lichtwellen zu den Sinneszellen der Netzhaut. Durch die Irismuskulatur ist die Größe der Pupille veränderbar. Diese Funktion der Pupille reguliert die einfallende Lichtmenge.
Information und Kommunikation: Die Größe der

Pupille ist mit der Pupillenreaktion veränderbar. Bei dieser Reaktion wird die Lichtintensität, die auf die Netzhaut gelangt, beeinflusst. Lichtsinneszellen registrieren ständig die Lichtintensität, die auf die Netzhaut trifft. Dieses Signal wird an das Gehirn geleitet. Dort wird dieses mit der Lichtintensität verglichen, die für das Auge optimal wäre.
Steuerung und Regelung: Die Größe der Pupille ist mit der Pupillenreaktion veränderbar. Je höher die Lichtintensität auf der Netzhaut ist, umso weniger Licht wird durch die Pupillenreaktion in das Auge gelassen. Die Lichtintensität auf der Netzhaut nimmt in der Folge ab. Dabei wirkt eine veränderliche Größe (Lichtintensität im Auge) auf sich selbst zurück, wobei eine „Je mehr... desto weniger“-Beziehung bei der Regelung der Pupillengröße vorliegt.

3.1 Sucht ist vielfältig
Information und Kommunikation: Drogen sind Stoffe, die im Gehirn wirken, sodass Informationen anders verarbeitet werden. Dies beeinflusst die Stimmung, die Gefühle, das Bewusstsein, die Wahrnehmung und das Verhalten des Menschen. Manche Formen von Abhängigkeit sind nicht an Stoffe gebunden. Bei einer stoffungebundenen Verhaltenssucht verspüren die betroffenen Personen einen unwiderstehlichen Drang, bestimmte Handlungen immer wieder auszuführen.

3.2 Entstehung von Drogensucht
Information und Kommunikation: Zur Erklärung der Entstehung einer Drogensucht gibt es verschiedene Modelle. Eines davon ist das 4M-Modell, das verdeutlicht, dass die Wege in eine Sucht vielfältig sein können. Das Modell vernetzt die vier Bereiche Mensch, Milieu, Mittel und Markt. Dabei sind die Informationen individuell bedeutsam, die jemand über sich selbst hat und die er von außen empfängt.

3.3 Alkoholmissbrauch
Stoff- und Energieumwandlung: Alkoholmissbrauch stört das ausgewogene Gleichgewicht vieler Stoffwechselprozesse besonders dadurch, dass Zellen, Gewebe und Organe geschädigt werden. Die Zellen im Mundraum, im Rachen und in der Speiseröhre können Krebs entwickeln. Die Leber kann Fett einlagern, anschwellen oder bei einer Zirrhose viele Funktionen verlieren. Auch die Zellen dieses Organs können von Krebs betroffen sein. Im Magen und im Darmbereich treten Funktionsstörungen auf, Schleimhautentzündungen und Krebs sind möglich. Von Entzündungen und Funktionsstörungen sind das Gehirn, Nervenzellen, das Herz und die Bauchspeicheldrüse betroffen.
Information und Kommunikation: Bei Alkoholmissbrauch werden die Nervenzellen und die Informationsweiterleitung gestört. Durch das Absterben von Gehirnzellen nehmen Gedächtnis, Konzentration und Urteilsvermögen ab.

3.4 Essstörungen
Stoff- und Energieumwandlung: Als Magersucht bezeichnet man eine krankhafte Essstörung, bei der eine Person dauerhaft ein Körpergewicht herbeiführt, das wesentlich unter dem Normalgewicht liegt. Für den Stoffwechsel steht nicht genug Energie aus der Nahrung zur Verfügung. Der Gewichtsverlust und die Mangelernährung können schwerwiegende körperliche Veränderungen nach sich ziehen. Niedriger Blutdruck, verlangsamter Herzschlag, sinkende Körpertemperatur, Hautprobleme, Muskelschwäche und Haarausfall sowie Erkrankungen durch Vitamin- und Mineralsalzmangel begleiten häufig eine Magersucht.
Information und Kommunikation: Magersüchtige Menschen leiden an einer Störung der Wahrnehmung des eigenen Körpers. Sie sind in einem Teufelskreis gefangen: Schon eine Gewichtszunahme von wenigen Gramm kann Panik auslösen, was wiederum zu noch strengerer Kontrolle des Essverhaltens führt.

4 Gesundheit und Krankheit

4.1 Der Mensch als Lebensraum

Der Mensch als Lebensraum — Abb. 1	Mikroorganismen auf Fingerkuppen und Münzen — **3.** Abb. 3
Nützliche Wirkungen von Bakterien — **2.** Abb. 1	Mikrobiom der Haut — **4.** Abb. 4
Prokaryoten und Eukaryoten — **1.** Abb. 2	

1.

Individuelle Lösung, z. B.:

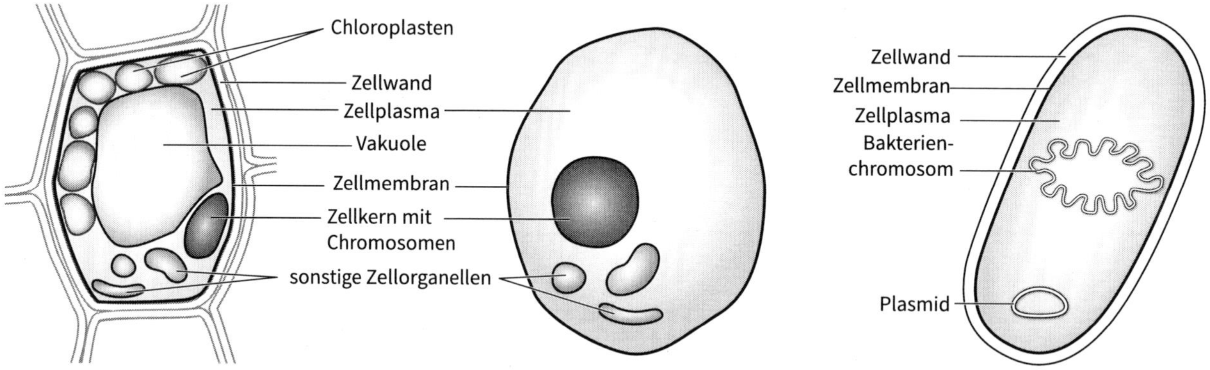

Pflanzenzelle — menschliche Zelle — Bakterienzelle

2.

a) Milchsäurebakterien können Stoffe abgeben, durch welche die Vermehrung krankheitserregender Bakterien wie *Staphylococcus aureus* gehemmt werden kann. Diese Stoffe haben keine Wirkung auf das Milchsäurebakterium, welches die Stoffe abgibt.

b) Zahlreiche Bakterienarten unterstützen im Mikrobiom des Darmes die Nahrungsverwertung. Sie zerlegen zum Beispiel das Kohlenhydrat Cellulose, das für den Menschen ohne die Bakterien unverdaulich wäre, in Produkte, die dem Energiestoffwechsel zur Verfügung stehen. Je vielseitiger die Ernährung ist, desto artenreicher ist das Mikrobiom des Darmes und es kann mehr Energie aus der Nahrung verwertet werden. Darmbakterien bilden lebensnotwendige Vitamine, die der menschliche Organismus nicht selbstständig herstellen kann. Die Entstehung entzündlicher Erkrankungen kann durch eine erschwerte Ansiedlung krankheitsauslösender Bakterien verhindert werden. Darmbakterien stimulieren das Immunsystem im gesamten Körper. Einige Medikamente werden durch Bakterien des Mikrobioms des Darmes in eine wirksame Form umgewandelt.

3.

a) Individuelle Lösung.
b) Die Frage, die das Experiment klären soll, lautet: „Sind die Oberflächen von Fingerkuppen und Münzen unterschiedlich dicht von Bakterien und Pilzen besiedelt?" Die Pinzette muss desinfiziert werden, um eine Übertragung von Bakterien und Pilzen von der Pinzette auf die Münzen zu verhindern. Ohne Desinfektion der Pinzette ließe sich nicht klären, ob eine Besiedlung des Nährbodens ursprünglich auf die Münzen oder auf eine Übertragung von der Pinzette auf den Nährboden zurückzuführen ist.
c) Individuelle Lösung.

4.

Untersucht wurde die Abwehr krankheitserregender Bakterien auf der Haut in Abhängigkeit von der Ausprägung des Mikrobioms der Haut. Die Untersuchungsergebnisse sind in einem Säulendiagramm dargestellt. Die erste Säule zeigt, dass bei einem normal ausgeprägten Mikrobiom die Abwehr krankheitserregender Bakterien auf der Haut mit 100 relativen Einheiten gemessen wurde. Die zweite Säule zeigt, dass bei einem nicht vorhandenen Mikrobiom die Abwehr krankheitserregender Bakterien auf der Haut mit ca. 35 relativen Einheiten gemessen wurde. Eine Haut ohne Mikrobiom hat nur 35 % der Abwehrleistung im Vergleich zu einer Haut mit normal ausgeprägtem Mikrobiom. Das Mikrobiom der Haut steigert demnach wesentlich die Abwehr krankheitserregender Bakterien auf der Haut.

4.2 Bakterien als Krankheitserreger

Bau der Bakterien	Abb. 1, 2
Borreliose	**1.** Abb. 4
Krankheiten, Übertragung von Krankheiten	**2.** Abb. 3
Vermehrung von Bakterien	**3., 4.** Abb. 5

1.

Bakterien der Spirochätenart Borrelia lösen die Infektionskrankheit Borreliose aus. Diese Bakterien werden häufig bei einem Zeckenbiss übertragen. Ein Zeckenbiss kann unbemerkt bleiben. Es kann bis zu einem Monat dauern, bis durch die Infektion eine meist schmerzlose großflächige Rötung der Haut auftritt, ein Zusammenhang mit dem Zeckenbiss ist dann nicht unmittelbar ersichtlich. Der Zeitpunkt für eine im Frühstadium leicht durchführbare medikamentöse Behandlung wird dadurch häufig verpasst. Die Diagnosestellung wird auch dadurch erschwert, dass dieses Stadium einer Infektion von grippeähnlichen Symptomen begleitet wird. Die Symptome sind also nicht spezifisch für Borreliose. Wochen oder Monate später auftretende Nervenschmerzen im ganzen Körper oder das Auftreten einer Herzmuskelentzündung können auch Folgen anderer Erkrankungen sein. Die Möglichkeit als Ursache einer Infektion durch einen entsprechend lange zurückliegenden Zeckenbisses kann übersehen werden. Gelenkentzündungen, die Jahre nach dem Zeckenbiss auftreten können, lassen sich kaum noch auf die ursprüngliche Infektion zurückführen. In diesem Spätstadium ist die Krankheit zudem nur schwer präzise nachweisbar und zu bekämpfen.

2.

Nach großen Naturkatastrophen bricht oft die Trinkwasserversorgung zusammen. Es kommt zu Verunreinigungen des Wassers. Dadurch können sich Krankheiten wie Cholera und Typhus schnell über ein großes Gebiet ausbreiten. Diese beiden Krankheiten werden durch verunreinigtes Trinkwasser oder Kot übertragen; da die hygieni-

schen Bedingungen nach Naturkatastrophen sehr schlecht sind, kann es zur großflächigen Verbreitung kommen.
Tetanus, Scharlach und Keuchhusten dagegen werden durch Verschmutzung von Wunden beziehungsweise durch Tröpfcheninfektion übertragen. Dies benötigt einen unmittelbaren Kontakt einer infizierten Person zu einer gesunden. Dadurch treten solche Krankheiten eher sporadisch bei einzelnen Personen auf.

3.

a)

Zeitpunkt in Std.	Anzahl der Bakterien
0	1 (2^0)
1	4 (2^2)
2	16 (2^4)
3	64 (2^6)
4	256(2^8)
5	1024(2^{10})
6	4096 (2^{12})
7	16384(2^{14})
8	65536 (2^{16})
9	262144 (2^{18})
10	1048576 (2^{20})
11	4194304 (2^{22})
12	16777216 (2^{24})

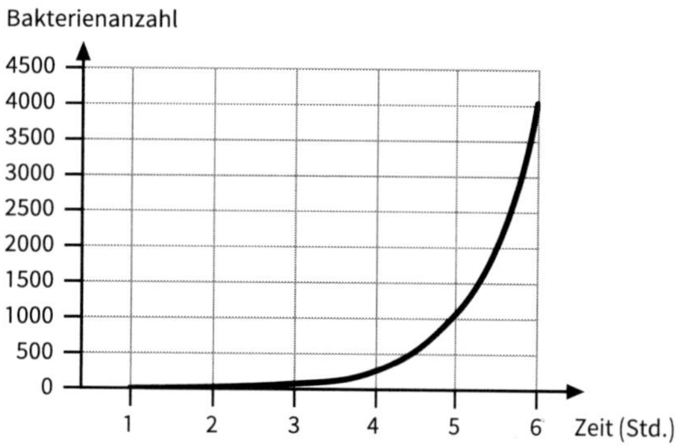

b) Der Mitschüler zeigt möglicherweise erste Anzeichen einer bakteriellen Infektion. In den ersten beiden Unterrichtsstunden konnte die noch relativ geringe Anzahl der Bakterien in seinem Körper keine Krankheitssymptome auslösen. In dieser Zeit erfolgten mehrere Verdopplungen jedes einzelnen Bakteriums durch Zellteilung. Ab der dritten Unterrichtsstunde ist die Anzahl der Bakterien durch das exponentielle Wachstum so stark angestiegen, dass der Körper erste Krankheitssymptome entwickelt. Der Mitschüler fühlt sich krank.

4.

Die Wachstumskurve von Bakterien (Abb. 5) kann in drei Phasen des Wachstums eingeteilt werden.

- In der frühen Anfangsphase ist fast kein Wachstum zu erkennen. Möglicherweise benötigt der Stoffwechsel der Bakterien diese Zeit, um die Nährstoffe aus dem Nährboden für das Wachstum und die Teilung der Bakterienzellen verfügbar zu machen.
- Nach einer Anpassung des Stoffwechsels in der Anfangsphase geht die Bakterienkultur in eine exponentielle Wachstumsphase über, bei der sich die Bakterien über viele Generationen gleichbleibend schnell teilen.
- In einer dritten Phase wird das Wachstum der Bakterien langsamer und die Bakterienzahl erreicht ein Maximalniveau. Möglicherweise ist das Ende des Wachstums durch ein Erreichen der Kapazitätsgrenzen von Raum und verfügbaren Nährstoffen erreicht. Da die Kurve in der Abbildung nicht absinkt, könnte sich ein Gleichgewichtszustand eingestellt haben, in dem die Anzahl absterbender Bakterien durch eine entsprechende Anzahl durch Zellteilung hinzukommender Bakterien ausgeglichen ist.

4.3 Viren als Krankheitserreger

Viren und ihre Vermehrung	**1.** Abb. 1, 2
Sind Viren Lebewesen?	**2.**
Vermischung von Viren	**3.** Abb. 4, 5
Krankheiten durch Viren	**4.** Abb. 3

1.

Anheftung des Virus an die Wirtszelle (über Glykoprotein/Glykoprotein-Interaktion) → Verschmelzung der Hüllmembran des Virus mit der Wirtszellmembran und damit → Eindringen in die Wirtszelle → Glykoproteine des Virus werden in die Membran der Zelle eingebaut → Auflösung des Kapsids des Virus und damit → Freilegung der Erbinformation des Virus → Einbau der Virus-Erbinformation in die Wirtszellen-Erbinformation im Zellkern → Umprogrammierung der Erbinformation in den Chromosomen der Zelle und → Produktion von Virus-Bestandteilen → Zusammensetzung der Virusbestandteile und gleichzeitig Einbau der Hüllmembran-Bestandteile in die Wirtszellenmembran → Ausschleusung der Viren, dabei Umhüllung mit der Hüllmembran → Beim Austreten aus der Zelle werden die Viren mit Glykoproteinen versehen → Auflösung der Membran der Wirtszelle - Tod der Wirtszelle → Die freigesetzten Viren können weitere Zellen infizieren.

2.

Viren sind keine Lebewesen, da sie nicht alle Kennzeichen von Lebewesen erfüllen. Zum Beispiel haben Viren keinen eigenen Stoffwechsel und können sich nicht aktiv fortbewegen.

3.

a) Ein Virus benötigt zur Vermehrung eine spezifische Wirtszelle. Die Abbildung zeigt zunächst zwei Virenstämme. Der eine Stamm wirkt spezifisch im Menschen, der andere spezifisch in einer Vogelart. Offenbar bedingen die jeweiligen Oberflächenstrukturen der unterschiedlichen Virenstämme diese Spezifität nach dem Schlüssel-Schloss-Prinzip. Gelangen Viren, die den „Schlüssel" zu menschlichen Zellen besitzen, gemeinsam mit Viren, die den „Schlüssel" zu Zellen einer Vogelart besitzen, in einen dritten Wirt, z. B. in den Organismus eines Schweins, kann eine Neukombination der Erbinformation der beiden Virenstämme erfolgen. Diese neu kombinierte Erbinformation kann die Baupläne zur Ausbildung von Oberflächenstrukturen beider Virenstämme enthalten. Es ist ein neuer Virenstamm entstanden, der dadurch auch menschliche Zellen infizieren kann, zusätzlich gelangen Erbinformationen vom Stamm der „Vogelviren" in den menschlichen Organismus.

b)

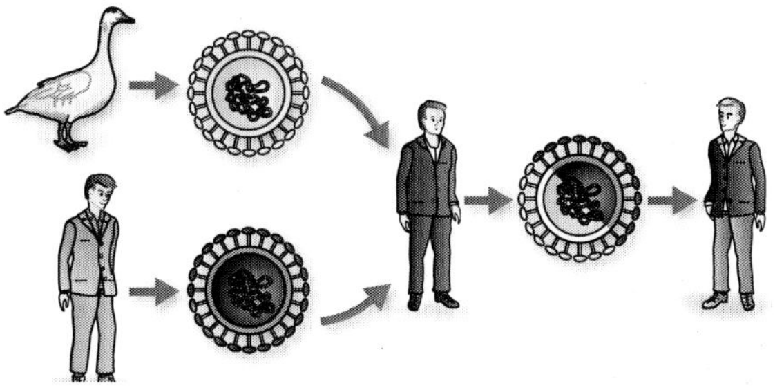

In Abbildung 4 erfolgt die Vermischung nicht in einem anderen Tier, wie zum Beispiel dem Schwein (Abbildung 5), sondern in einem Menschen, der gleichzeitig von dem auf den Vogel und dem auf den Menschen spezialisierten Virus infiziert wurde.

4.

Scharlach und Keuchhusten werden durch Bakterien hervorgerufen. Diese Krankheiten lassen sich durch Gabe von Antibiotika behandeln, da die Bakterien nicht resistent sind. Im Gegensatz dazu sind Windpocken und Masern viruell verursachte Krankheiten. Antibiotika zeigen bei Viren keine Wirkung, da viele Antibiotika in den Stoffwechsel eingreifen. Viren haben keinen eigenen Stoffwechsel.

4.4 Immunsystem

–

4.5 Immunisierung

Die erste Impfung Abb. 1	Immunantwort bei einer Infektion **2.** Abb. 3
Vergleich von aktiver und passiver Immunisierung **1.** Abb. 2	Wirkung von Impfungen am Beispiel der Kinderlähmung und Pocken **4.** Abb. 1, 5
Versuche von Pasteur **3.** Abb. 4	Anwendung der passiven Immunisierung **5.** Abb. 2

1.

a)

Merkmal	aktive Immunisierung	passive Immunisierung
Zeitpunkt der Gabe des Impfstoffs	vor einer Infektion	nach einer Infektion
Impfstoff	Lebendimpfstoff oder Totimpfstoff (= abgeschwächte Erreger)	Serum mit Antikörpern
Bildung von Antikörpern	ja	nein
Bildung von Gedächtniszellen	ja	nein
Dauer der Schutzwirkung	mehrjährig, manchmal lebenslang	kurze Zeit (bis zum Abbau der Antikörper)

Bei einer aktiven Immunisierung werden Menschen abgeschwächte oder abgetötete Erreger injiziert. Der Organismus reagiert auf bestimmte Bestandteile der Erreger und produziert durch das Immunsystem passende Antikörper. Abgeschwächte Erreger können durch eine gezielte Infektion von Pferden gewonnen werden. Die Tiere schwächen die Erreger durch ihr Immunsystem, zusätzlich werden diese abgeschwächten Erreger nach der Gewinnung aus dem Blut des Tieres einer chemischen Behandlung unterzogen.

Bei einer passiven Immunisierung werden dem Menschen passgenaue Antikörper injiziert. Zur Gewinnung dieser Antikörper werden Pferde gezielt mit einem bestimmten Erreger infiziert. Das Tier reagiert auf diese Infektion mit der Bildung von Antikörpern im eigenen Organismus. Nach einiger Zeit können die Antikörper aus dem Blut des Tieres isoliert und gereinigt werden. Passgenaue Antikörper können auch aus dem Blut ausgeheilter oder geimpfter Menschen gewonnen werden.

b) Passive Impfungen müssen aufgrund der kurzen Dauer des Schutzes wiederholt werden.

Bei aktiven Immunisierungen werden im Lauf der Zeit (manchmal Jahre) die Gedächtniszellen abgebaut. Damit fehlt bei einer erneuten, späteren Infektion die „Wiedererkennung" des Erregers, um schnell viele Antikörper herstellen zu können.

Bei einer erneuten Impfung werden (bei der aktiven Immunisierung) erneut Antikörper und Gedächtniszellen gebildet.

2.

a) Abbildung 3 zeigt die Anzahl der Antikörper gegen Antigen A über eine Zeitspanne von 56 Tagen. Nach dem ersten Kontakt mit dem Antigen A werden Antikörper gebildet, des Weiteren auch entsprechende Gedächtniszellen. Nach dem zweiten Kontakt mit dem Antigen A fällt die Immunreaktion deutlich stärker aus: Es werden wesentlich mehr Antikörper gebildet und die Produktion der Antikörper erfolgt in wesentlich kürzerer Zeit.

b) Der Kurvenverlauf wäre im Prinzip wie in Abbildung 3 dargestellt; dabei ist der Zeitpunkt des ersten Kontakts gleichzusetzen mit der aktiven Immunisierung/Impfung und der zweite Kontakt entspricht dem „ersten" Kontakt mit dem Erreger (Infektion).

3.

a)

- Isolierung von Cholera-Bakterien aus dem Kot erkrankter Hühner → Kultivierung → Aufbringen der Bakterien auf Brot → Verfütterung an Hühner → Hühner erkranken und sterben
- Brot mit Bakterien aus einer alten (geschwächten) Bakterienkultur → Verfütterung an Hühner → Hühner sterben nicht
- Brot mit Bakterien aus einer jungen Bakterienkultur → Verfütterung an Hühner, die noch keinen Kontakt mit dem Erreger hatten und an Hühner, die mit der alten Kultur Kontakt hatten → ? (siehe b)

b) Die Hühner, die noch keinen Kontakt mit dem Erreger hatten, werden sterben; genau wie es auch der erste Versuch gezeigt hat. Die Hühner, die bereits Kontakt mir der alten Kultur hatten, werden überleben. Bei ihnen hat durch den Kontakt mit den abgeschwächten (alten) Erregern eine Immunisierung stattgefunden.

4.

a) Kinderlähmung ist eine Krankheit, die durch Viren hervorgerufen wird. Schutz bietet eine geeignete Impfung (Schluckimpfung).

In den Jahren 1955 bis 1966 hat die Anzahl der Erkrankten und damit auch der Todesfälle abgenommen. In den Jahren 1967 bis 2004 blieb die Anzahl der Erkrankten und auch der Todesfälle im Durchschnitt niedrig.

b) Die Anzahl der Erkrankten lässt sich auf die fehlende Impfung der entsprechenden Personen zurückführen. Da es sich um eine Virus-Infektion handelt, können Medikamente die Krankheit nicht ursächlich behandeln und heilen. Durch eine Impfung wären die 14 Todesfälle vermutlich nicht eingetreten. Das Ergebnis zeigt die unnötige Gefahr an dieser Krankheit zu erkranken und zu sterben. Problematisch sind auch die entstehenden "Impflücken": Je mehr Menschen nicht geimpft sind, umso einfacher ist die Ausbreitung eines Virus.

5.

Geeignete Tiere werden mit dem zuvor gewonnenen Schlangengift infiziert, sodass die Tiere nicht sterben. Aus ihrem Blut werden dann die entsprechenden Antikörper isoliert und als Impfstoff für eine passive Immunisierung eingesetzt.

4.6 Impfung am Beispiel der Masern

Verlauf einer Masernerkrankung	**1.** Abb. 3
Krankheitssymptome im Vergleich zu Symptomen nach der Impfung	**2.** Abb. 1, 2
Impfung - ja oder nein?	**3.** Abb. 4

1.

Im ersten Stadium setzen sich die Krankheitserreger in den ersten acht Tagen der Infektion im Körper fest. Im gezeigten Beispiel bleibt die Körpertemperatur in den ersten fünf Tagen konstant bei ca. 36,5 °C. Vom sechsten bis 9. Tag treten Schwankungen zwischen 36,5 und 37 °C auf.

Am neunten Tag beginnt die erste Krankheitsphase mit Husten, Schnupfen und Fieber. In dieser Phase beginnt die Ansteckungsfähigkeit, die am 16. Tag endet. Die Körpertemperatur steigt stark an und erreicht in dem ersten Fieberschub am 11. Tag 40 °C und sinkt bis zum 13. Tag wieder ab.

Ab Tag 14 folgt ein erneuter Fieberschub. Die zweite Phase mit Fieber und Hautausschlag ist erreicht.

Am 16. Tag besteht keine Ansteckungsfähigkeit mehr. Das Fieber sinkt. Die Genesungsphase beginnt. Bis zum 21. Tag schwankt die Körpertemperatur zwischen 36,5 und 37 °C. Danach bleibt die Temperatur wieder konstant bei 36,5 °C.

2.

Bei der Masernimpfung werden abgeschwächte Masernviren als Lebendimpfstoff eingesetzt. Daher können bestimmte Krankheitssymptome auch nach einer Impfung in abgeschwächter Form auftreten.

In der Tabelle sind in zwei Spalten bestimmte Symptome bei einer Erkrankung mit Masern und als Folge einer Impfung gegen Masern gegenübergestellt. Fieber tritt bei einer Erkrankung an Masern in 98 % der Fälle überwiegend sehr hoch auf. Als Folge einer Impfung tritt in 7 % der Fälle ebenfalls Fieber auf, hohe Körpertemperaturen sind dabei selten. Fieberkrämpfe treten bei 8 % der Erkrankten Patienten auf, als Impffolge sind davon 0,18 % der geimpften Personen betroffen. Als schwere Komplikation tritt bei 0,1 % der Erkrankten eine Gehirnentzündung auf. Als Folge einer Impfung tritt dieses Symptom statistisch bei 0,000001 % der Geimpften auf. Als weitere Komplikation treten bei 7 % der an Masern erkrankten Menschen schwere, bakterielle Infektionen auf. Dieses Risiko besteht als Impfrisiko gar nicht. Eine verminderte Anzahl von Blutplättchen wird bei 0,0004 % der Erkrankten und bei 0,000027 % der Geimpften festgestellt. In 0,1 % bis 30 % führt die Erkrankung an Masern zum Tod. Das Risiko eines tödlichen Ausgangs besteht als Folge einer Impfung nicht.

Der Vergleich der Tabellendaten ermöglicht eine Bewertung von Risiko und Nutzen der Impfung gegen Masern. Es wird deutlich, dass die Impfung gegen Masern notwendig und sicher ist.

3.

Individuelle Lösung.

4.7 Multiresistente Bakterien und Antibiotika

Problem multiresistenter Bakterien	**1.** Abb. 2, 1
Übertragungswege von Bakterien, die gegen Antibiotika resistent sind	**2.** Abb. 3
Hygienemaßnahmen zur Vorbeugung	**3., 4.** Abb. 1

1.

Individuelle Lösung. Möglicher Stichwortzettel:
- MRSA: Multi-resistente Staphylococcus aureus
- Entstanden durch Selektion und Genaustausch
- problematisch, wenn multirestente Keime in OP-Wunden oder Blutbahn gelangen
- Folgen: Wundinfektion, Lungenentzündung, Blutvergiftung
- durch Resistenz der Bakterien mit gängigen Antibiotika nicht wirksam zu behandeln
- vorbeugende Maßnahme: Hygiene in Krankenhäusern verbessern, Aktion saubere Hände

2.

Hühner, Schweine und Rinder sind Beispiele für Nutztiere, die in Massentierhaltungen Produkte für die menschliche Ernährung erzeugen. Über die Umwelt, die Wasser- und Futtermittelversorgung sind diese Nutztiere ständig mit Bakterien, darunter auch krankheitserregende, in Kontakt. Massentierhaltung bedeutet, dass sehr viele Tiere auf sehr engem Raum gemeinsam leben müssen. Durch den engen Kontakt kann die Infektion eines einzelnen Tieres schnell zur Verbreitung der krankheitserregenden Bakterien auf alle anderen Tiere im Bestand führen. In der Tiermedizin wurden in den letzten Jahrzehnten mit steigender Tendenz Antibiotika eingesetzt. Durch einen übermäßigen Einsatz von Antibiotika wurden solche Erreger ausgelesen (selektiert), die antibiotikaresistent waren. Die antibiotikaresistenten Bakterien können durch die Lebensmittelprodukte infizierter Tiere auch Menschen als Konsumenten solcher Nahrung infizieren. In deren jeweiligen sozialen Umfeld können die resistenten Bakterien weitere Menschen infizieren.
Auch in der Humanmedizin wurden in den letzten Jahrzehnten zunehmend Antibiotika eingesetzt. Dadurch wurden Bakterien, die keine Resistenzen entwickelt haben, abgetötet, und die Patienten wurden geheilt. Durch einen übermäßigen Einsatz von Antibiotika wurden aber wie in der Tiermedizin solche Erreger ausgelesen (selektiert), die antibiotikaresistent waren. Besonders in Krankenhäusern stieg für die Patienten die Gefahr der Infektion mit multiresistenten Bakterien. Nach der Entlassung von Patienten, die derartige Bakterien in ihren Körpern haben, können weitere Kontaktpersonen infiziert werden.

3.

Situation a): unbedingt die eigenen Hände desinfizieren, damit beim Händeschütteln und beim Berühren von Türklinken, Möbeln etc. keine Bakterien übertragen werden können.
Situation b): Das mit dem Messer geschnittene rohe Fleisch könnte Krankheitserreger enthalten. Diese werden beim anschließenden Braten oder Kochen abgetötet, verbleiben aber an dem Messer. Wird das Messer nicht gründlich gereinigt, können z. B. Bakterien übertragen werden. Rohkost bleibt unbehandelt, so können die Bakterien aufgenommen werden.
Situation c): Antibiotika sollten nicht vorbeugend eingenommen werden, sondern nur auf ärztliche Verschreibung. Ein unnötiger Einsatz von Antibiotika fördert die Verbreitung resistenter Bakterienstämme.
Situation d): Eine Antibiotika-Behandlung muss komplett durchgeführt werden, auch wenn es einem schon besser geht. Die Behandlungsdauer ist darauf ausgelegt, dass alle krankheitserregenden Bakterien abgetötet werden. Bei vorzeitigem Abbruch der Einnahme der Medikamente verbleiben überlebende Bakterien im Körper. Diese können sich schnell vermehren, die Therapie bleibt dann erfolglos. Eine weitere Behandlung mit einem Antibiotikum wird nötig. Dadurch steigt auch die Gefahr der Entstehung resistenter Bakterienstämme.

4.
Beurteilung: Plakate wie das in Abbildung 1 gezeigte, sollten überall dort hängen, wo Möglichkeiten der Handdesinfektion vorgesehen sind. Das ist vor allem dort der Fall, wo immungeschwächte Personen leben (Krankenhäuser, Pflegeeinrichtungen), oder wo möglicherweise infizierte Personen vermehrt ein- und ausgehen, z. B. Ärztehäuser, Arztpraxen, etc.

4.8 Marie hat eine Lungenentzündung – ein Fallbeispiel

Fallbeispiel einer Lungenentzündung	Grundwissen
Abwehr von Pneumokokken	**1.** Grundwissen
Anzahl der Pneumokokken	**2.**
Penicillinbehandlung – Vorgänge im Darm	**3.** Abb. 3
Penicillinbehandlung Bewertung	**4.** Grundwissen, Abb. 3

1.
a) Individuelle Lösung.
b) Individuelle Lösung.

2.
15 Stunden entsprechen 15x60=900 Minuten. Bei einer Verdopplungszeit von 25 min können sich die Pneumokokken in 900 Minuten 36mal verdoppeln (900/25=36).
In den ersten 25 Minuten sind 2 Zellen entstanden (in Potenzschreibweise: 2^1), diese Zellzahl wird weitere 35mal verdoppelt nach dem Schema 2x2x2x2x2.... Bei 36 Zweien in der Kette ergibt das 687194767362 (in Potenzschreibweise: 2^{36}). Lösungssatz: Innerhalb von 15 Stunden sind aus einer Pneumokokkenzelle 68719476736 Pneumokokkenzellen entstanden.

Hinweise: Bei dieser Modellrechnung ist eine Beteiligung des Immunsystems nicht berücksichtigt. Die Lösung ist auch in Tabellenform möglich:

Zeit (min)	Bakterienanzahl
0	1
25	2
50	4
75	8
100	16
...	...
875	34359738368
900	68719476736

3.
a) Zunächst bleibt die Anzahl harmloser Darmbakterien im oberen Drittel relativer Einheiten über ca. fünf Tage der Penicillinbehandlung konstant. Auch die Anzahl krankheitserregender Bakterien im Darm bleibt in diesem Zeitraum auf einem relativ niedrigen Niveau gleich. Die Festigkeit des Stuhls nimmt in dieser Zeit mit nur leichten Schwankungen leicht ab.
Ab dem sechsten Tag der Penicillinbehandlung sinkt die Anzahl harmloser Darmbakterien rapide, bereits am achten Tag bleibt deren Anzahl konstant niedrig. Am gleichen Tag wird der Stuhl dünnflüssig und bleibt in dieser Konsistenz im Zeitraum der dargestellten Messungen bis Tag 11. Gleichzeitig mit der Abnahme der Anzahl harmloser Darmbakterien am Tag 6 steigt die Anzahl krankheitserregender Darmbakterien rapide an.

Bis zum 11. Tag nach Beginn der Penicillinbehandlung hat sich das Verhältnis normaler Darmbakterien zu krankheitserregenden Darmbakterien nahezu umgekehrt. Der Stuhl ist immer noch dünnflüssig.

b) Zu Anfang der Behandlung nehmen die Darmzellen viel Wasser aus dem Inneren des Darms auf. In dieser Phase gibt es noch viel mehr harmlose Darmbakterien, die Nährstoffe aufnehmen und Abwehrstoffe gegen „fremde“ Bakterien abgeben, als mit der Nahrung aufgenommene krankheitserregende Bakterien, die Nährstoffe aufnehmen und Giftstoffe abgeben.
In der Phase, in der die Zahl der harmlosen Darmbakterien sinkt und die der krankheitserregenden Bakterien steigt, wird Wasser zwar weiterhin von den Zellen der Darmschleimhaut aufgenommen, aber auch in etwa gleicher Menge wieder in den Darm abgegeben. Die Festigkeit des Stuhls nimmt dadurch ab.
Durch das Absterben der normalen Darmbakterien nimmt ab dem sechsten Tag der Penicillinbehandlung die Menge der Kohlenhydrate zu, die von den Darmbakterien nicht abgebaut werden. Die Kohlenhydrate binden Wasser. Dadurch kehrt sich die Richtung des Wassertransports um. Aus der Darmschleimhaut gelangt viel Wasser in den Darm. Der Stuhl wird dünnflüssig, Durchfall ist die Folge.

4.

Das Antibiotikum Penicillin tötet im Zusammenspiel mit der zellulären Immunantwort nach und nach die Pneumokokken, die Erreger der Lungenentzündung. Das Penicillin tötet auch nützliche Darmbakterien, deren Abwehrstoffe verhindern, dass sich krankheitserregende Bakterien im Darm ansiedeln. Auf diese krankheitserregenden Bakterien hat Penicillin keine Wirkung, sodass deren Anzahl im Darm zunimmt. Durchfall ist die Folge. Dieser verschwindet wieder, nachdem die Penicillinbehandlung beendet ist.
Da das Penicillin die Pneumokokken sehr wirksam abtötet, ist die Lungenentzündung gut behandelbar. Nach etwa sechs Wochen befindet sich Maries Körper wieder in einem Gleichgewicht. Die schwere Erkrankung ist überwunden. Die Nebenwirkungen sind unangenehm, aber vergleichsweise harmlos.

4.9 Pandemien

Pandemie oder Epidemie?	**1.** Abb. 1	Entstehung von Pandemien	**3.**
Grippepandemien und Evolution	**2.** Abb. 2	Grippevirus und Wirte	**4.** Abb. 3

1.

a) Individuelle Lösung, z. B.:
Bei Pandemien breiten sich bestimmte Krankheitserreger weltweit aus. Bei Epidemien sind einzelne Regionen stark betroffen.
SARS: Am 12. März 2003 stufte die Weltgesundheitsorganisation (WHO) SARS wegen der weltweiten Bedrohung als Pandemie ein.
HIV: Die Verbreitung von HIV hat sich seit Anfang der 1980er Jahre zu einer Pandemie entwickelt, bei der nach Schätzungen der Organisation UNAIDS bisher etwa 39 Millionen Menschen starben. Ende 2014 waren geschätzt 36,9 Millionen Menschen weltweit mit HIV infiziert.
Ebola: Die WHO hat im August 2014 den globalen Gesundheitsnotstand zur Bekämpfung der Ebola-Epidemie ausgerufen. Insgesamt sind der Epidemie mehr als 11500 Menschen zum Opfer gefallen, mehr als 28000 hatten sich infiziert. 2016 hat die WHO den wegen der Ebola-Epidemie in Westafrika mit

mehr als 11000 Toten ausgerufenen globalen Gesundheitsnotstand für beendet erklärt. Eine weltweite Ausbreitung von Ebola ist nicht eingetreten. Bei Ebola handelt es sich um eine Epidemie und nicht um eine Pandemie.

b) *Spanische Grippe 1918:* Die Spanische Grippe war eine Pandemie, die zwischen 1918 und 1920 durch das Influenzavirus H1N1 verursacht wurde. Die Zahl der Todesopfer weltweit wird in der Fachliteratur mit bis zu 50 Millionen angegeben.
Asiatische Grippe 1957: Die Asiatischen Grippe war eine Pandemie des 20. Jahrhunderts, die durch das Influenza-Virus H2N2 verursacht wurde. Sie gilt nach der Spanischen Grippe als zweitschlimmste Grippe-Pandemie des 20. Jahrhunderts mit mindestens 700000 Todesopfern weltweit.
Hongkong-Grippe: Der Erreger der Asiatischen Grippe mutierte zum Virus H3N2. Dieser galt als Auslöser der Hongkong-Grippe, die in den Jahren 1968 bis 1970 grassierte. Sie war die letzte große Grippepandemie, bei der weltweit im Zeitraum von 1968 bis 1970mindestens 750000 Menschen starben.
Ebola: Die Bezeichnung für diese Infektionskrankheit geht auf den Fluss Ebola in der Demokratischen Republik Kongo zurück, in dessen Nähe Ebolaviren 1976 den ersten allgemein bekannten großen Ausbruch verursacht hatten. Mindestens 1553 Menschen starben an dem sogenannten Ebolafieber. Die Verbreitung blieb als Epidemie lokal begrenzt (zu Ebola 2014 s. unten).
Russische Grippe: Das Influenzavirus H1N1 verursachte die Spanische Grippe, die zwischen 1918 und 1920 als Pandemie weltweit verbreitet war. Der Erreger der Russischen Grippe von1977 unterschied sich nur geringfügig von dem Erreger der Spanischen Grippe und wurde ebenfalls als H1N1 bezeichnet. Bis Januar 1978 hatte sich die Russische Grippe mit mindestens 700000 Todesfällen weltweit verbreitet. Vor allem Kinder, Jugendliche und junge Erwachsene unter 23 Jahren waren betroffen. Durch diese Beschränkung der Erkrankung auf junge Menschen wird die Russische Grippe trotz weltweiter Verbreitung als Epidemie eingestuft.
HIV: Eine Infektion mit dem menschlichen Immunschwächevirus (englisch: human immunodeficiency virus) führt unbehandelt zu AIDS (engl. acquired immunodeficiency syndrome). Seit ca. 1981 hat sich die Infektion weltweit verbreitet. Durch diese Pandemie starben weltweit mindestens 30 Millionen Menschen.
Vogelgrippe: Das Virus H5N1 verursacht die Vogelgrippe. Die Krankheit kann vom Tier auf den Menschen übertragen werden. Diese Gefahr besteht weltweit. Durch diese Pandemie starben seit 1997 mindestens 371 Menschen.
Nipah-Virus: 1999 wurden ca. 230 Fälle einer besonders schwer verlaufenden Entzündung des Gehirns (Enzephalitis) bei Menschen in Malaysia festgestellt. Der Erreger dieser Epidemie wurde kurze Zeit später in Singapur nachgewiesen. Eine weltweite Verbreitung liegt jedoch nicht vor. Mindestens 250 Menschen starben an der Infektion mit Nipah-Viren.
SARS-Coronavirus: Das Schwere Akute Respiratorische Syndrom (englisch: severe acute respiratory syndrome) ist eine Infektionskrankheit, die durch das Coronavirus übertragen wird. 2002 wurde diese Erkrankung erstmals in China beobachtet. 2003 stufte die Weltgesundheitsorganisation (WHO) SARS wegen einer weltweiten Bedrohung als Pandemie ein.
Grippe H9N2, H7N7: Zwischen 2002 und 2009 infizierten sich mehrere Menschen mit mutierten Grippeerregern der Virustypen H9N2 und H7N7. Diese Erreger galten bis dahin als Erreger von Tierseuchen und wurden für den Menschen als nicht gefährlich angesehen. 2003 gab es in den Niederlanden 89 Infektionen von Menschen mit dem Erreger H7N7. Ein Mensch starb, 30000 Nutzvögel mussten getötet werden. 2015 gab es weitere Fälle in England und in Deutschland. Insgesamt wurden 90000 Hühner getötet, um zu verhindern, dass aus lokal auftretenden Epidemien globale Pandemien der Vogelgrippe mit einer potenziellen Gefährdung von Menschen entstanden.
Infektionen mit dem Grippevirus H9N2 wurden bei Menschen in nur wenigen Fällen, z. B. in China nachgewiesen. Es liegt weder eine Epidemie noch eine Pandemie vor. Ein höheres Gefährdungspotential für den Menschen könnte durch Vermischung von Genen der H9N2-Erreger mit solchen Virustypen geben, die Menschen infizieren können.
Schweinegrippe H1N1: 2009 wurde der Virustyp H1N1 als global auftretender Erreger der Pandemie der „Neuen Grippe“ bzw. „Schweinegrippe“

identifiziert. Ein ähnlicher Erreger aus der Gruppe H1N1 hatte die Spanische Grippe-Pandemie 1919/20 mit 50 Millionen Todesopfern verursacht. Nach der Erkrankung einiger Menschen durch die H1N1-Erreger der Schweinegrippe warnte die Weltgesundheitsorganisation (WHO) 2009 vor einer weltweiten Pandemie. Mindestens 15000 Todesfälle waren die Folge dieser Virusinfektion.

MERS Coronavirus: 2012 wurde erstmals ein Virus aus der Gruppe der Coronaviren identifiziert, das beim Menschen eine schwere Infektion der Atemwege, Lungenentzündung und Nierenversagen verursachen kann. Bislang hatten alle Infektionen ihren Ursprung auf der Arabischen Halbinsel, besonders in Saudi-Arabien. Es handelt sich um eine Epidemie, durch die mindestens 54 Menschen starben.

Vogelgrippe H7N9: Das Grippevirus H7N9 kommt besonders bei Hühnervögeln vor. Infektionen beim Menschen traten 2013 erstmals in China auf. Eine weltweite Verbreitung existiert nicht. Es handelt sich um eine Epidemie mit mindestens 44 Todesfällen.

Ebola: Die WHO hat im August 2014 den globalen Gesundheitsnotstand zur Bekämpfung der Ebola-Epidemie ausgerufen. Insgesamt sind der Epidemie mehr als 11500 Menschen zum Opfer gefallen, mehr als 28000 hatten sich infiziert. 2016 hat die WHO den wegen der Ebola-Epidemie in Westafrika mit mehr als 11000 Toten ausgerufenen globalen Gesundheitsnotstand für beendet erklärt. Eine weltweite Ausbreitung von Ebola ist nicht eigetreten. Bei Ebola handelt es sich um eine Epidemie und nicht um eine Pandemie.

2.

Die Spanische Grippe war eine Pandemie, die zwischen 1918 und 1920 durch das Influenzavirus H1N1 verursacht wurde. Etwa 50 Millionen Menschen starben an dieser Krankheit. Möglicherweise sorgte eine Genveränderung in einem ähnlichen Virus dafür, dass eine Neukombination der Eiweiße Hämagglutinin (H) und Neuroamidase (N) auf der Oberfläche entstand. Dieses Virus mit der neuen Antigenkombination H1N1 war jetzt nicht mehr wie bisher nur für z. B. Vögel infektiös, sondern konnte nach dem Schlüssel-Schloss-Prinzip auch menschliche Zellen infizieren. In den menschlichen Wirtszellen wurden diese Viren vermehrt. Da das menschliche Immunsystem noch keine passenden Antikörper für die neue Antigenkombination besaß, konnten die Viren schnell andere Menschen infizieren. Die Viren besaßen nun vorteilhafte, erblich bedingte Merkmale. Diese Angepasstheit ermöglichte die weltweite Verbreitung.

1957 wurde durch das Grippevirus H2N2 die Asiatische Grippe als zweitschlimmste Grippe-Pandemie des 20. Jahrhunderts mit mindestens 700000 Todesopfern weltweit verursacht. Das H2N2-Virus konnte entstehen, wenn Virustypen, die Menschen infizieren, und Tierviren wie z. B. Grippeviren von Vögeln gleichzeitig einen Wirt infizieren. Es kann dann zu einer Neukombination der Viruserbinformationen und damit zu stark veränderten Viren kommen, die Menschen sehr gefährlich werden können. Die H2N2- Viren besaßen neue erblich bedingte Merkmale, die für ihre Ausbreitung vorteilhaft waren. Diese Angepasstheit ermöglichte die weltweite Verbreitung.

Der Erreger der Asiatischen Grippe mutierte durch eine Neukombination von bestimmten Vogelviren und menschlichen Grippeviren in einem menschlichen Wirtsorganismus zum Virus H3N2. Dieser galt als Auslöser der Hongkong-Grippe, die in den Jahren 1968 bis 1970 grassierte. Sie war die letzte große Grippepandemie, bei der weltweit im Zeitraum von 1968 bis 1970 mindestens 750000 Menschen starben.

Die Gefahr einer neuen Pandemie in der Zukunft besteht darin, dass z. B. Tierviren von Vögeln und Schweinen mit menschlichen Grippeviren neue erblich bedingte Merkmalskombinationen HxNx bilden. Besitzen diese HxNx- Viren neue erblich bedingte Merkmale, die für ihre Ausbreitung vorteilhaft sind, kann diese Angepasstheit eine weitere Pandemie ermöglichen.

Die Pandemie-Ära ist möglicherweise Teil der Evolution und damit nicht zu Ende.

3.

Individuelle Lösung, z. B. Nennung von Gefährdungsszenarien und Interventionsmöglichkeiten.

4.

Grippeviren mit dem erblich bedingten Oberflächenmerkmal H7 sind an Hausgeflügel, Wasservögel und Pferde als Wirte angepasst. Für den Menschen sind einzelne Fälle bekannt. Das Oberflächenmerkmal N9 gibt es bei bestimmten Grippeviren, deren Wirte Hausgeflügel und Wasservögel sind. Auch bei N9 sind einzelne Fälle bei Menschen aufgetreten. Bei einer Kombination von H7 und N9 in Wasservögeln oder Hausgeflügel kann demnach bei einer Vogelgrippe mit diesem Erreger eine Übertragung auf den Menschen nicht ausgeschlossen werden.

4.10 Aids

Struktur und Funktion des HI-Virus	Grundwissen, Abb. 1
Persönliche Aspekte	**1.**
Gesellschaftliche Aspekte	**2.** Abb. 3, 4, 5
Sexuell übertragbare Krankheiten	**3.**
Medizinische Aspekte	**4.** Abb. 6

1.

a) Mögliche Gründe:
- Angst vor einer Ansteckung
- Unwissenheit über Ansteckungswege und die reale Gefahr einer Ansteckung im normalen Zusammenleben
- Angst vor der Gewissheit, nach einer Infektion an Aids zu sterben
- Angst vor der privaten, sozialen und beruflichen Isolation nach Bekanntwerden einer Infektion

b)
- Ungeschützten Geschlechtsverkehr vermeiden
- Thema in einer neuen Partnerschaft offen mit dem Partner besprechen
- Spritzen bei Drogenkonsum nicht mehrfach verwenden oder mit anderen teilen

2.

In vielen angegebenen Regionen ist die Zahl der HIV- Neuinfektionen in der Bevölkerung größer als in West- und Mitteleuropa. Extrem stark betroffen ist das südliche Afrika. In der Karibik und in Ozeanien sind die Zahlen der HIV-Neuinfizierten niedriger als in West- und Mitteleuropa (Abb. 5).
Die weltweite Anzahl der HIV-Infizierten ist von 2001 (29,4 Millionen) bis 2012 (35,3 Millionen) ständig gestiegen (Abb. 4).
Im Jahr 2011 gab es weltweit 34 Millionen HIV-infizierte Menschen, davon befanden sich 8 Millionen Patienten in einer Therapie. 1,7 Millionen HIV-Infizierte starben 2011 und 2,5 Millionen Menschen waren HIV-Neuinfizierte.
Die wirksamste Maßnahme zur Begrenzung einer HIV-Epidemie ist die Vermeidung von Neuinfektionen. Alle nichtinfizierten Menschen müssen die Infektionsrisiken durch geeignete Präventionsmaßnahmen kennen, vermeiden oder sich entsprechend schützen.
Die mit HIV infizierten Menschen müssen verstehen und wissen, wie die Weitergabe der Infektion verhindert werden kann. Entsprechende Maßnahmen sind weltweit notwendig und gehören zu den Aufgaben einer Politik für die Weltgesundheit.

3.

Individuelle Lösungen.

4.

Die relative HIV-Konzentration ist einige Monate nach der Infektion relativ hoch. Das Immunsystem vernichtet die meisten HI-Viren, aber es werden nicht alle zerstört. Über die Jahre steigt die Konzentration immer mehr an, da sich die HI-Viren mit jeder Zellteilung der T –Helferzellen vermehren. Im Gegensatz dazu wird über die Jahre die Anzahl der T-Helferzellen immer geringer, da sie durch die massenhafte Vermehrung des Virus absterben. Ein Test unmittelbar nach der Infektion mit HIV ist nicht aussagekräftig, da die Konzentration der HI-Viren nicht ausreicht, um diese im Blut nachzuweisen. Vor allem ist die Konzentration von Antikörpern gegen HIV für einen Nachweis zu gering. Die Krankheitssysmptome sind unspezifisch und nur schwach ausgeprägt. Während dieser Zeit ist die Infektion nicht nachweisbar und trotzdem besteht das Risiko, andere Personen zu infizieren.

4.11 Zelluläre Krankheitsursachen

Zelltheorie von RUDOLF VIRCHOW	Grundwissen
Entstehung einer Tumorerkrankung	1. Grundwissen
Einige Krankheiten mit zellulären Ursachen	2. Abb. 3
Immunotoleranz	3. Abb. 4
Immuntherapie in Tierversuch	4. Abb. 5, 6

1.

Individuelle Lösungen, z. B.:
Durch Veränderung der Erbinformation im Zellkern können sich Zellen unkontrolliert häufig vermehren. Übermäßig teilungsaktive Zellen werden Tumorzellen genannt. Ein Tumor entsteht, wenn Tumorzellen Zellverbände bilden. Tumore können umliegendes Gewebe verdrängen und zerstören.

2.

Diabetes Typ 1: Der Diabetes Typ 1 wird häufig noch als „Jugenddiabetes bezeichnet". Diese Formulierung gilt als überholt, da die Krankheit zwar vorwiegend im Kindes- und Jugendalter auftritt, Erwachsene aber ebenfalls an Diabetes Typ 1 erkranken können. Die Ursache ist ein Autoimmunprozess, bei dem sich körpereigene Abwehrzellen gegen die eigenen insulinproduzierenden Zellen in der Bauchspeicheldrüse richten. Diese Zellen werden vollständig zerstört, sodass ein absoluter Insulinmangel besteht. Eine Insulintherapie ist notwendig.
Diabetes Typ 2: Der Diabetes Typ 2 wird nicht mehr als „Altersdiabetes" bezeichnet, weil zunehmend auch jüngere Patienten daran erkranken. Übergewicht und Bewegungsmangel bilden oft die Grundlage für diese Krankheit. Auch Erbanlagen spielen eine Rolle. Eine bereits im Körper vorhandene Unempfindlichkeit gegenüber Insulin wird durch Übergewicht und Bewegungsmangel verstärkt, sodass das Insulin durch einen Mangel an passenden Rezeptoren an den Zellmembranen seine Wirksamkeit weitgehend verliert. Glucose gelangt nicht mehr in ausreichender Menge in die Zellen.
Hashimoto-Thyreoditis: Es handelt sich um eine Autoimmunerkrankung, die zu einer chronischen Entzündung der Schilddrüse führt. Dabei wird Schilddrüsengewebe zerstört. Zusätzlich werden Antikörper gegen schilddrüsenspezifische Antigene gebildet.
Influenza: Bei der Influenza handelt es sich um die echte Grippe, die durch Grippeviren ausgelöst wird. Erkältungen oder „grippale Infekte" dagegen werden von anderen Erregern verursacht. Die Influenza ist eine ernsthafte, mitunter auch lebensbedrohliche Erkrankung. Influenzaviren verändern sich ständig und bilden häufig neue Varianten. Durch diese Änderungen kann man öfter an Grippe erkranken. Der Influenza-Impfstoff wird jedes Jahr neu angepasst.
Toxoplasmose: Toxoplasmose ist eine Infektionskrankheit, die durch den Parasiten Toxoplasma gondii - einen tierischen Einzeller - verursacht wird.

Eigentlich handelt es sich um eine Katzenkrankheit. Der Mensch infiziert sich als Zwischenwirt. Bei Menschen mit geschwächtem Immunsystem oder bei einer Erstinfektion in der Schwangerschaft kann Toxoplasmose ernste Folgen haben.

3.

Körpereigene Zellen werden vom Immunsystem erkannt und nicht angegriffen. Diese Toleranz des Immunsystems gegenüber den Zellen des eigenen Körpers schützt den Körper vor Schädigungen durch das Immunsystem und wird Immuntoleranz genannt.

Die Ergebnisse des Versuchs von Paul Ehrlich zeigen, dass im Empfängertier (Ziege 1) nach den Blutinjektionen von einem Schaf und einer anderen Ziege durch das Immunsystem Antikörper erzeugt werden. Die jeweils fremden Roten Blutzellen werden im Blut des Empfängertieres aufgelöst. Bei einer Injektion des eigenen Blutes unterbleiben Antikörperbildung und Hämolyse. Diese Immuntoleranz gegenüber den Zellen des eigenen Körpers wird damit in diesem Versuch belegt.

4.

Bei Mäusen wurde die Bildung eines Tumors in der Haut hervorgerufen. Bei einer bestimmten Immuntherapie werden dem kranken Organismus T-Zellen entnommen. Diese werden so verändert, dass sie mithilfe zusätzlicher Rezeptoren an Oberflächenbestandteile bestimmter Tumorzellen binden können. Mit unveränderten T-Zellen beträgt die Tumorgröße nach 33 Tagen ca. 900 mm^3, die Überlebensrate liegt im gleichen Zeitraum bei ca. 10 %. Werden die kranken Mäuse mit veränderten T-Zellen behandelt, beträgt die Tumorgröße nach 33 Tagen ca. 200 mm^3, die Überlebensrate liegt im gleichen Zeitraum bei ca. 85 %. Im Tierversuch mit Mäusen ist die Immuntherapie mit veränderten T-Zellen bei einem Tumor in der Haut sehr wirksam. Sie verlangsamt das Wachstum des Tumors.

Wiederholen – Üben – Festigen zum Thema „Gesundheit und Krankheit“

1.

a) Individuelle Lösung.

a) Individuelle Lösung, z. B.:

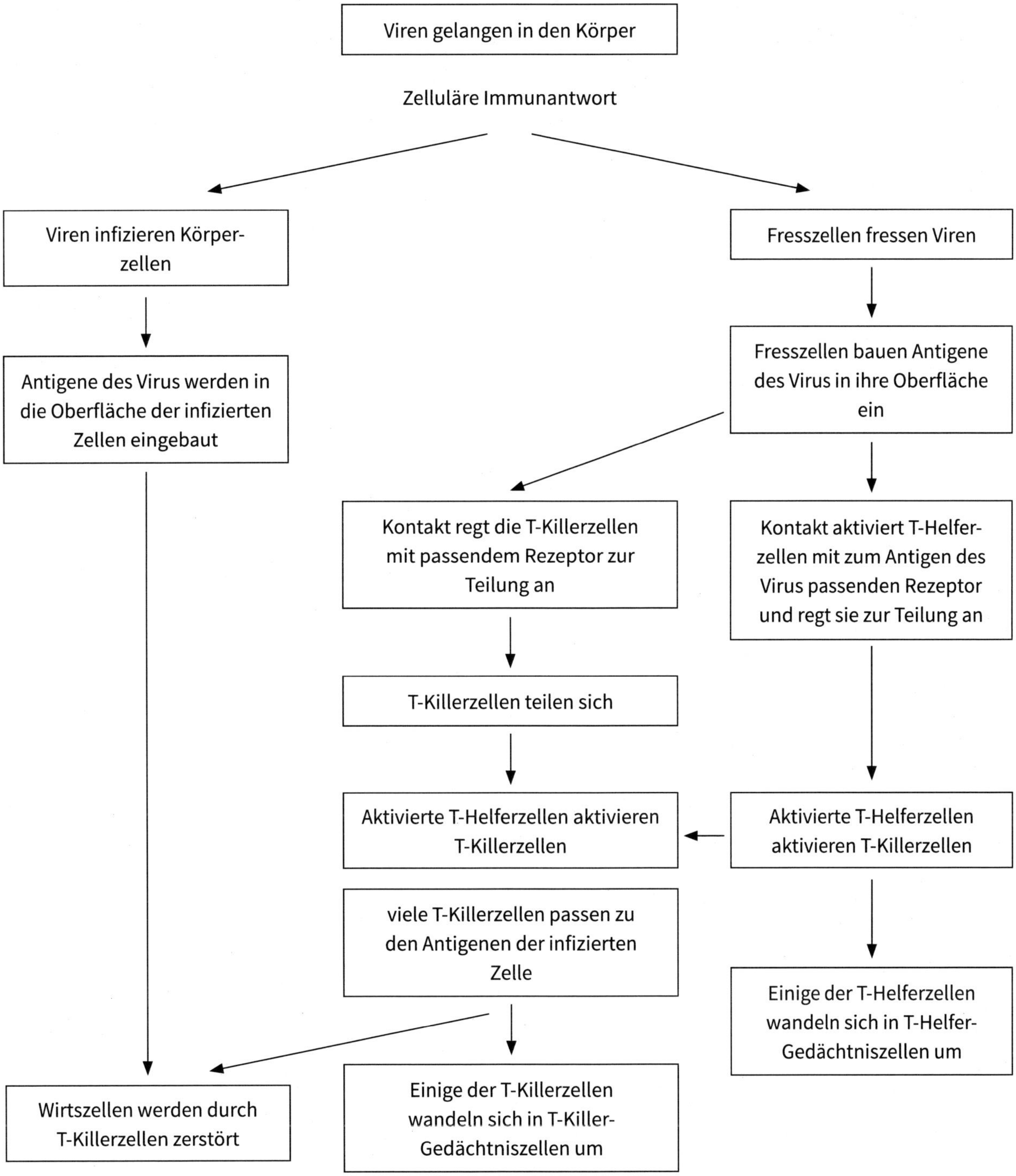

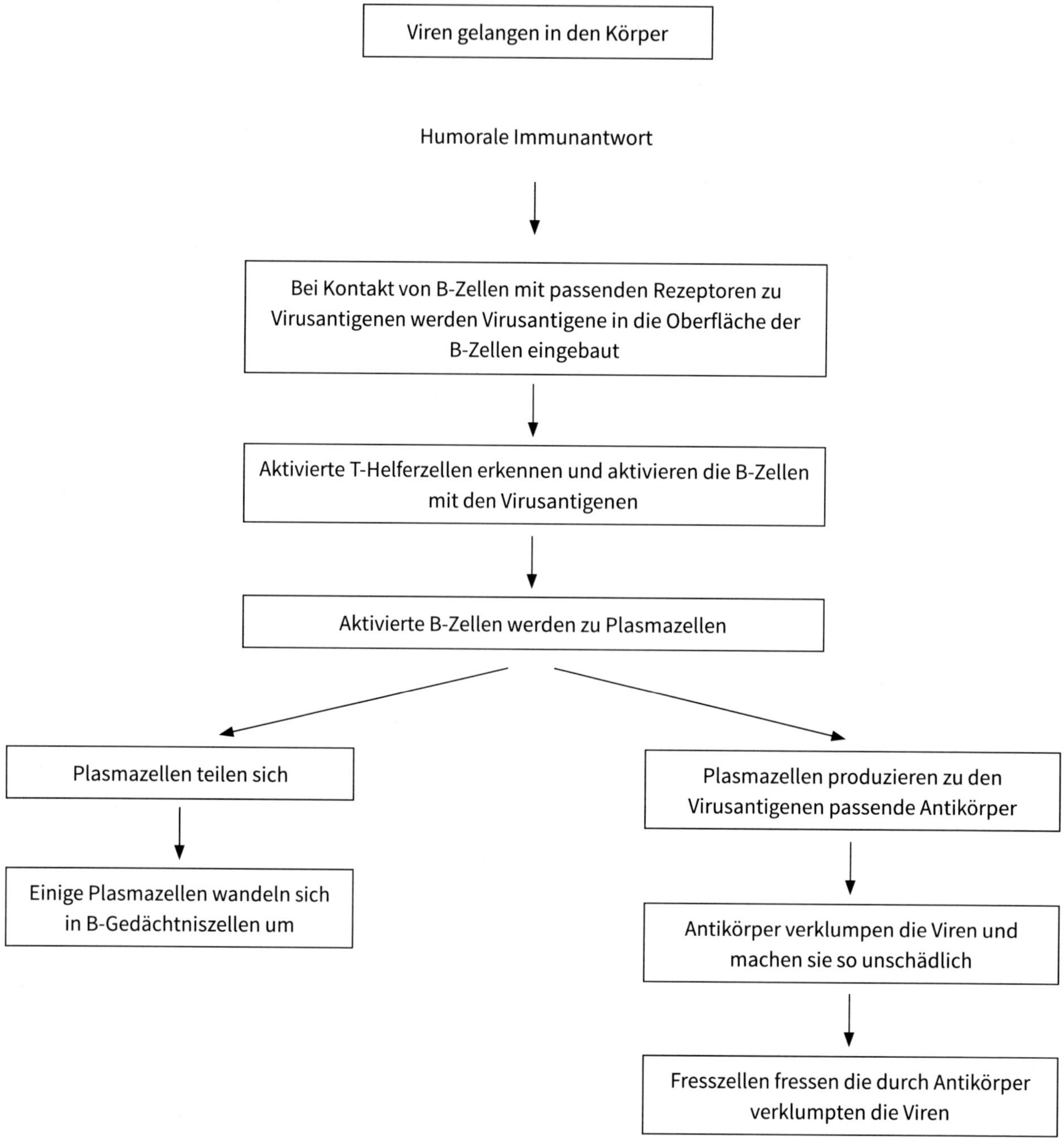

2.

a) *Bakterien*

Bau: Bakterien sind einzellige Lebewesen ohne Zellkern. Die Erbinformation liegt als ringförmiges Chromosom im Zellplasma vor. Auch Plasmide enthalten Erbinformationen. Die Bakterienzelle ist von einer Membran umschlossen. Nach außen schließt sich eine Zellwand an. Manche Bakterien sind zusätzlich von einer Kapsel umgeben. Die Abbildungen zeigen stäbchenförmige Bakterien.

Fortpflanzung: Bakterien vermehren sich ungeschlechtlich durch Teilung. Unter günstigen Bedingungen kann eine Teilung alle 20 bis 30 Minuten erfolgen. Unter ungünstigen Bedingungen bilden sie Endosporen aus. Diese können lange Zeit überdauern und sich bei günstigen Bedingungen wieder in normale Bakterienzellen umwandeln.

Viren
Bau: Viren bestehen aus einer äußeren Kapsel (Kapsid). Diese umschließt die Erbinformation im Inneren. Das Influenzavirus ist zusätzlich von einer Hüllmembran mit Glykoproteinen umgeben.
Fortpflanzung: Viren besitzen keinen Stoffwechsel. Die Vermehrung von Viren erfolgt nur in spezifischen Wirtszellen. Die infizierte Zelle wird so umprogrammiert, dass sie neue Viren produziert. Die Wirtszelle stirbt, wenn die produzierten Viren freigesetzt werden.
b) Während der Inkubationszeit befinden sich Grippeviren in den infizierten Wirtszellen eines Menschen oder eines Tieres. Bereits nach wenigen Stunden oder bis zu drei Tagen werden die in den Zellen entstandenen Grippeviren freigesetzt und können potenziell viele weitere Menschen oder Tiere infizieren, die ihrerseits nach der kurzen Inkubationszeit die Grippeinfektion verbreiten können. Eine Bekämpfung der Viren durch Medikamente ist durch den fehlenden eigenen Stoffwechsel der Viren nicht möglich. Zur Verminderung von Grippewellen ist die Entwicklung wirksamer Impfstoffe notwendig. Impfungen sind dann vorbeugend sinnvoll.
c) Am Tag der Grippeinfektion liegt die Körpertemperatur mit 36,8 °C im Normalbereich. Die Grippeviren dringen in menschliche Wirtszellen ein. Die körpereigenen Zellen besitzen eine Immuntoleranz und so sind auch die Viren im Inneren der Zellen vor Reaktionen des Immunsystems geschützt.
Am zweiten Tag beträgt die Körpertemperatur 37,0 °C. Erst am vierten Tag zeigt sich die Infektion durch Fieber. Die Körpertemperatur ist zwischen dem zweiten und dem vierten Tag um 2,7 °C gestiegen. Die Grippeviren sind nach ihrer Vermehrung durch die Wirtszellen freigesetzt worden. Das Immunsystem reagiert auf die Glykoproteine der Grippeviren, unterstützt durch Fieber. Am sechsten Tag ist die Körpertemperatur mit 38,6 °C noch erhöht, am achten Tag geht sie auf 37,3 °C zurück. Die Ausgangstemperatur von 36,8 °C wird am zehnten Tag gemessen. Die Infektion ist überwunden oder verbleibende Viren befinden sich in ihren Wirtszellen.

3.

a) Das Virus des 2. Jahres weist einige Übereinstimmungen mit dem Virus des Vorjahres auf. Man ging wahrscheinlich davon aus, dass die Bevölkerung bereits weitestgehend immun gegen diesen Virustyp ist. Eine Impfkampagne hätte keinen zusätzlichen Nutzen gebracht.
b) Im dritten Jahr weist eine wiederum neue Variation eines Grippevirus drei komplett veränderte Antigene auf. Eine Impfkampagne ist nur dann sinnvoll, wenn rechtzeitig ein Impfstoff mit diesen Antigenen bereitgestellt werden kann.

4.

4.1 Der Mensch als Lebensraum
Kompartimentierung: Unter Kompartimentierung versteht man eine räumliche Aufteilung, zum Beispiel verschiedener Aufgaben, in einem Organismus. Das hauptsächlich aus Bakterien bestehende Mikrobiom besiedelt den menschlichen Körper in verschiedenen Bereichen. Das Mikrobiom der Haut und das Mikrobiom des Darms bestehen aus unterschiedlichen Bakterien mit unterschiedlichen Funktionen. In Teilräumen können verschiedene Vorgänge gleichzeitig stattfinden, ohne sich gegenseitig zu stören.
Stoff- und Energieumwandlung: Die Aufnahme, Umwandlung und Abgabe von Stoffen nennt man Stoffwechsel. Milchsäurebakterien im Mikrobiom der Haut können Stoffe abgeben, durch welche die Vermehrung krankheitserregender Bakterien gehemmt werden kann. Bakterien im Mikrobiom des Darms können einige für den Menschen unverdauliche Stoffe aus der Nahrung in Produkte zerlegen, die für den Energiestoffwechsel des Menschen zur Verfügung stehen. Lebewesen sind Energiewandler, sie können bestimmte Formen von Energie in andere Formen von Energie umwandeln.

4.2 Bakterien als Krankheitserreger
Fortpflanzung und Entwicklung: Durch Fortpflanzung vermehren sich Lebewesen und dadurch wird ihr Fortbestand gesichert. Bei der Fortpflanzung werden Erbanlagen (Gene) weitergegeben. Gene enthalten Informationen, die die Entwicklung und die Ausbildung von Merkmalen eines Lebewesens beeinflussen. Bakterien vermehren sich ungeschlechtlich durch Teilung. Unter günstigen Bedingungen kann eine Teilung alle 20 bis 30 Minuten erfolgen. Unter ungünstigen Bedingungen bilden

viele Bakterienarten Endosporen aus, die lange Zeiträume überdauern können. Bei günstigen Bedingungen wandeln sich die Endosporen wieder in eine normale Bakterienzelle um.
Information und Kommunikation: Von großer Bedeutung für jedes Lebewesen sind die Informationen in den Erbanlagen (Genen). Bakterien können untereinander Erbinformationen über eine Plasmabrücke austauschen.
Kompartimentierung: Unter Kompartimentierung versteht man eine räumliche Aufteilung, zum Beispiel verschiedener Aufgaben, in einem Organismus. Ein erwachsener Mensch besteht aus ca.100 Billionen Zellen. Mund, Verdauungstrakt und Haut sind dabei der Lebensraum für eine Billiarde Mikroorganismen, hauptsächlich Bakterien. Man kann dabei den Verdauungstrakt als Schlauch auffassen, der sich durch den Körper zieht. Die darin lebenden Bakterien befinden sich demnach außerhalb des eigentlichen Körpers. Sie helfen zum Beispiel bei der Verdauung und beeinflussen das Immunsystem.
Stoff- und Energieumwandlung: Die Aufnahme, Umwandlung und Abgabe von Stoffen nennt man Stoffwechsel. Bakterien nehmen Nährstoffe über ihre Zelloberfläche auf und geben Stoffwechselprodukte an ihre Umgebung ab. Gelangen bestimmte Bakterienarten in den menschlichen Körper, lösen sie oder ihre Stoffwechselprodukte Entzündungen oder Krankheiten aus.

4.3 Viren als Krankheitserreger
Kompartimentierung: Unter Kompartimentierung versteht man eine räumliche Aufteilung, zum Beispiel verschiedener Aufgaben, in einem Organismus. Auch eine einzelne Zelle ist in verschiedene Teilräume, die Zellorganellen, gegliedert. Viren bestehen aus einer Kapsel mit bestimmten Antigenen auf ihrer Oberflächenstruktur und Erbinformationen der Viren im Inneren.
Information und Kommunikation: Innerhalb eines Organismus werden Informationen ausgetauscht und weitergegeben. Gelangen Viren in spezifische Wirtszellen, kann die dort freigesetzte Erbinformation des Virus in den Zellkern der Wirtszelle gelangen und in die Chromosomen der Zelle eingebaut werden. Das Virus programmiert damit die Erbinformation der Zelle so um, dass sie neue Viren produziert.

4.4 Immunsystem
Struktur und Funktion: Unter Struktur versteht man in der Biologie den Bau von Lebewesen und ihrer Teile. Mit ihrem Bau sind Lebewesen an bestimmte Funktionen angepasst. Jede Körperzelle enthält bestimmte Proteine an ihrer Oberfläche, die man MHC-Marker nennt. Das Immunsystem reagiert auf alle Zellen oder Stoffe, die auf ihrer Oberfläche diese Proteine nicht tragen. Zum Beispiel bekämpfen bestimmte Blutzellen Krankheitserreger, indem sie sich mit ihren genau passenden Oberflächenstrukturen an Krankheitserreger heften. Nach dem Schlüssel-Schloss-Prinzip passen Antikörper und Antigen zusammen.
Steuerung und Regelung: Viele Zustände im Körper eines Lebewesens werden gesteuert oder geregelt. Dadurch reagiert der Körper auf Veränderungen und kann Bedingungen im Körper stabil halten. Bei den Zellen der Immunantwort gibt es neben den Fresszellen drei Gruppen: die T-Helferzellen, die T-Killerzellen und die B-Zellen. T-Helferzellen, die Kontakt mit einer Fresszelle mit passendem Antigen hatten, aktivieren die T-Killerzellen sowie die B-Zellen und regulieren durch abgegebene Stoffe die Immunaktivität.

4.5 Immunisierung
Struktur und Funktion: Unter Struktur versteht man in der Biologie den Bau von Lebewesen und ihrer Teile. Bei einer aktiven Immunisierung gelangen Oberflächenstrukturen als Antigene von Bakterien oder Viren durch Impfstoffe in den Körper. Sie lösen eine Immunreaktion aus, bei der Gedächtniszellen gebildet werden. Bei erneutem Kontakt mit den Antigenen werden schnell Antikörper produziert, die nach dem Schlüssel-Schloss-Prinzip die Antigene binden und verklumpen. Bei einer passiven Immunisierung gelangen isolierte passende Antikörper in den Körper. Die Reaktion der Verklumpung der Antigene erfolgt schnell und direkt.
Information und Kommunikation: Lebewesen nehmen Informationen aus ihrem Körper und aus ihrer Umwelt auf. Innerhalb eines Organismus werden Informationen ausgetauscht und weitergegeben. Bei einer Immunreaktion gegen Antigene von Krankheitserregern speichern Gedächtniszellen die Informationen über deren Struktur. Bei erneutem Kontakt mit den Antigenen werden schnell passen-

de Antikörper produziert.

4.6 Impfung am Beispiel der Masern
Struktur und Funktion: Unter Struktur versteht man in der Biologie den Bau von Lebewesen und ihrer Teile. Mit ihrem Bau sind Lebewesen an bestimmte Funktionen angepasst. Zum Beispiel bekämpfen bestimmte Blutzellen Krankheitserreger, indem sie sich mit ihren genau passenden Oberflächenstrukturen an Krankheitserreger heften.
Information und Kommunikation: Lebewesen nehmen Informationen aus ihrem Körper und aus ihrer Umwelt auf. Innerhalb eines Organismus werden Informationen ausgetauscht und weitergegeben. Eine aktive Immunisierung durch Impfung gewährleistet einen Schutz vor einer Erkrankung an den Masern. Dabei werden abgeschwächte Masernviren als Lebendimpfstoff eingesetzt. Durch die Impfung wird das Immunsystem über die Strukturen auf dem Masernvirus informiert und vorbereitet. Nach zwei aufeinander folgenden Impfungen sind etwa 99 % aller Menschen immun. Das Immunsystem reagiert auf den Lebendimpfstoff wie auf eine echte Infektion mit Masernviren. Durch die zelluläre Immunantwort bilden sich T-Helfer-Gedächtniszellen und T-Killer-Gedächtniszellen. Da sich das Masernvirus in seiner Oberflächenstruktur nicht ändert, liegt eine lebenslängliche Immunität vor.
Steuerung und Regelung: Viele Zustände im Körper eines Lebewesens werden gesteuert oder geregelt. Dadurch reagiert der Körper auf Veränderungen und kann Bedingungen im Körper stabil halten. Bei einer Infektion mit Masernviren erfolgt bei einem intakten Immunsystem durch die zelluläre Immunantwort eine vollständige Genesung. Gebildete T-Helfer-Gedächtniszellen und T-Killer-Gedächtniszellen ermöglichen es dem Immunsystem zukünftig, schnell auf einen erneuten Kontakt mit Masernviren zu reagieren. Bei einer Impfung mit Lebendimpfstoff reagiert das Immunsystem wie bei einer Infektion und bildet T-Helfer-Gedächtniszellen und T-Killer-Gedächtniszellen, die bei einem erneuten Kontakt mit dem Virus dieses schnell vernichtet und so eine Erkrankung verhindert. Die Bedingungen im Körper werden stabil gehalten.

4.7 Multiresistente Bakterien und Antibiotika
Struktur und Funktion: Mit ihrem Bau sind Lebewesen an bestimmte Funktionen angepasst. Bakterien besitzen spezifische Oberflächenstrukturen. Antibiotika sind in vielen Fällen geeignete Medikamente, um gegen Infektionen durch bakterielle Krankheitserreger vorzugehen. Ändern sich durch Mutationen bestimmte Baumerkmale von Bakterien, kann eine Resistenz gegen ein Antibiotikum oder gegen mehrere Antibiotika entstehen. Die Resistenz kann darin bestehen, dass die Hüllen des Bakteriums für das Antibiotikum undurchlässig werden oder Enzyme gebildet werden, die Antibiotika abbauen.
Information und Kommunikation: Lebewesen nehmen Informationen aus ihrem Körper und aus ihrer Umwelt auf. Von großer Bedeutung für jedes Lebewesen sind die Informationen in den Erbanlagen (Genen). Manchmal tauschen Bakterien miteinander Erbinformationen über Plasmide aus. Dabei können Bakterien-Resistenz-Gene von resistenten Bakterien an bisher nicht resistente Bakterien weiter gegeben werden.

4.8 Marie hat eine Lungenentzündung – ein Fallbeispiel
Fortpflanzung und Entwicklung: Durch Fortpflanzung vermehren sich Lebewesen und dadurch wird ihr Fortbestand gesichert. Pneumokokken sind Bakterien, die eine Lungenentzündung verursachen können. Sie finden in den mit Schleim bedeckten Lungenbläschen des Menschen einen idealen Nährboden. Bei diesen günstigen Bedingungen vermehren sich Pneumokokken durch Teilung etwa alle 25 Minuten.
Steuerung und Regelung: Viele Zustände im Körper eines Lebewesens werden gesteuert oder geregelt. Dadurch reagiert der Körper auf Veränderungen und kann Bedingungen im Körper stabil halten. Bei einer Infektion mit Pneumokokken reduziert die zelluläre Immunantwort im Zusammenspiel mit der Bakterien abtötenden Wirkung von Antibiotika nach und nach die Zahl der Bakterien. Die Bedingungen im Körper werden stabil gehalten.

4.9 Pandemien
Variabilität und Angepasstheit: Unter Variabilität versteht man die Veränderlichkeit von Merkmalen, die zu Vielfalt führt. Lebewesen besitzen Merkmale, die durch natürliche Auslese entstanden und gene-

tisch festgelegt sind. Man nennt sie Angepasstheiten. Das Grippevirus ist variabel. Veränderungen in der Erbinformation durch Mutation bewirken Veränderungen der Virusoberfläche. Dabei können gefährliche neue Virustypen entstehen.
Information und Kommunikation: Von großer Bedeutung für jedes Lebewesen sind die Informationen in den Erbanlagen. Das Grippevirus wird weltweit überwacht. In Deutschland werden Rachenabstriche betroffener Patienten von staatlichen Einrichtungen untersucht. Dort wird eine exakte Bestimmung des Virustyps vorgenommen, der der WHO gemeldet wird. Aufgrund der Häufung bestimmter Virustypen oder aufgrund neu auftretender Virustypen wird der Impfstoff für die kommende Grippesaison geplant.

4.10 Aids
Fortpflanzung und Entwicklung: Durch Fortpflanzung vermehren sich Lebewesen und dadurch wird ihr Fortbestand gesichert. Bei der Fortpflanzung werden Erbanlagen weitergegeben. Gene enthalten Informationen, die die Entwicklung und die Ausbildung von Merkmalen eines Lebewesens beeinflussen. Bei einer Infektion mit HI-Viren gelangen diese in die T-Helferzellen des Immunsystems. Das Virus wird dort vermehrt oder es kann für längere Zeit ruhen. Bei jeder Zellteilung wir seine Erbinformation an die neu entstandenen T-Helferzellen weiter gegeben.
Information und Kommunikation: Von großer Bedeutung für jedes Lebewesen sind die Informationen in den Erbanlagen. Bei HIV treten sehr häufig Mutationen auf. Bei jedem Vermehrungszyklus haben die meisten neu gebildeten Viren eine andere Oberfläche als das Virus, das die Zelle infiziert hat. Das Immunsystem reagiert auf die ursprünglichen Informationen über die Virusstruktur und ist dadurch gegen die veränderten Viren unwirksam.

1.10 Zelluläre Krankheitsursachen
Fortpflanzung und Entwicklung: Durch Fortpflanzung vermehren sich Lebewesen und dadurch wird ihr Fortbestand gesichert. Bei der Fortpflanzung werden Erbanlagen (Gene) weitergegeben. Gene enthalten Informationen, die die Entwicklung und die Ausbildung von Merkmalen eines Lebewesens beeinflussen. Wenn Organe wachsen, finden Zellteilungen statt, die zur Vermehrung der Zellen führen. Ist das Organ ausgewachsen, finden weiterhin Zellteilungen statt. Die neu gebildeten Zellen ersetzen dann abgestorbene Zellen, sodass die Anzahl der Zellen weitgehend gleich bleibt.
Kompartimentierung: Unter Kompartimentierung versteht man eine räumliche Aufteilung, zum Beispiel verschiedener Aufgaben, in einem Organismus. Auch eine einzelne Zelle ist in verschiedene Teilräume, die Zellorganellen, gegliedert. Durch Veränderung der Erbinformation im Zellkern können sich Zellen unkontrolliert häufig teilen. Dadurch wird die Zahl der Zellen in einem Gewebe erhöht. Übermäßig teilungsaktive Zellen werden Tumorzellen genannt. Wenn Tumorzellen Zellverbände bilden, entsteht ein Tumor.
Information und Kommunikation: Innerhalb eines Organismus werden Informationen ausgetauscht und weitergegeben. Im Normalfall richtet sich das Immunsystem nur gegen körperfremde Zellen. Körpereigene Zellen werden als solche erkannt und nicht angegriffen. Durch diese Immuntoleranz werden körpereigene Tumorzellen dadurch vor einer Zerstörung bewahrt. Menschen können im Laufe ihres Lebens Autoimmunkrankheiten entwickeln. Das Immunsystem erkennt körpereigene Zellen nicht und bildet gegen diese Antikörper.

5 Hormone und Sexualität

5.1 Pubertät

Pubertät – der nervige Umbau im Gehirn	**2.** Abb. 2
Mindmap zum Thema Pubertät	**1.** Abb. 1
Typisch weiblich, typisch männlich?	**3.** Abb. 3

1.
Individuelle Lösung, z. B. unter Verwendung folgender Stichpunkte
- Beginn individuell (bei Mädchen: 8-14; bei Jungen 10-16)
- körperliche Veränderungen
- Gefühle (Unsicherheit, Gefühlsschwankungen, Wunsch nach Eigenständigkeit)
- Konflikte (Eltern, Lehrer, andere Erwachsene)
- Umbau im Gehirn
  - „Optimierung“ (kappen von Nervenverbindungen, Abbau wenig gebrauchter Bereiche)
  - Abfolge (1. Wahrnehmung und Bewegung, 2. Sprache, 3. Verhalten und planvolles Handeln (Umleitung über emotionales Zentrum (Wut, Angst)))

2.
Individuelle Lösung.

3.
Individuelle Lösung.

5.2 Geschlechtsreife bei Jungen

Bildung, Bau und Weg der Spermien	**1.** Abb. 1, 2
Wirkung der Geschlechtshormone beim Mann	**2.** Abb. 3, 4
Spermium und Same – Begriffserklärungen	**3.**

1.

Spermienmutterzellen in der Wand des Hodenkanälchens
↓
Erste Teilung
↓
Tochterzelle
↓
Zweite Teilung
↓
Spermatid
↓
Spermien werden in Hodenkanälchen entlassen
↓
Reifung im Nebenhoden
↓
Durch die Spermienleiter gelangen die Spermien in die Harn-Spermienröhre
↓
Ejakulation

2.

Mit Beginn der Pubertät beginnen durch Hormone gesteuerte Vorgänge. Im Gehirn gelangen vom Hypothalamus vermehrt Freisetzungshormone zur Hypophyse. Die Hypophyse gibt LH und FSH in das Blut ab. Diese wirken auf die Hoden und stimulieren die Testosteron- und Spermienbildung. Die Spermienbildung wird zusätzlich durch Inhibin gefördert. Testosteron und Inhibin wirken hemmend auf die Aktivität des Hypothalamus und der Hypophyse. Durch diese Regelung wird das männliche Fortpflanzungssystem kontrolliert.

3.

Bei Pflanzen stellen Samen die Nachkommen einer Pflanze dar, die sich nach einer Befruchtung entwickeln, nachdem also die Zellkerne einer männlichen und einer weiblichen Geschlechtszelle miteinander verschmolzen sind. Samen besitzen einen doppelten Chromosomensatz. Spermien sind die männlichen Geschlechtszellen mit einem einfachen Chromosomensatz. Der Begriff „Samen" wird demnach doppeldeutig verwendet, was zu missverständlichen Vorstellungen führen kann.

5.3 Geschlechtsreife bei Mädchen

Vergleich von Eizelle und Spermium **2.** Abb. 4	Veränderungen im Menstruationszyklus **1. b** Abb. 3
Follikelreifung und Eisprung **1. a** Abb. 2	Unterschiedliche Größe von Eizellen **3.**

1.

a)

1. Stadium 1.-4. Tag Der zunächst kleine Follikel wächst. Die Eizelle und die sie umgebenden Zellschichten sind zu erkennen.
2. Stadium 5.-10. Tag Die Größe des Follikels nimmt deutlich zu. Die Granulosazellen vermehren sich und die Follikelhöhle bildet sich.
3. Stadium 11.-12. Tag Der Follikel nimmt weiter an Größe zu, deutliche Vermehrung der Granulosazellen und weitere Vergrößerung der Follikelhöhle. Die Eizelle verlagert sich an den Rand des Follikels.
4. Stadium 13.-14. Tag Der Follikel ist ausgereift. Die Eizelle befindet sich am Follikelrand. Beim Eisprung platzt der Follikel auf und die Eizelle gelangt in den Eileiter.

b) Nach der Menstruation, bei der eine unbefruchtete Eizelle abgestoßen wurde, reift eine weitere Eizelle im Eierstock heran. Während der Entwicklungszeit bis zur reifen Eizelle mit einer Hülle erfolgt der Aufbau der Gebärmutterschleimhaut. Während des Eisprungs platzt der Follikel und die Hülle bleibt als Gelbkörper zurück. Die unbefruchtete Eizelle gelangt durch einen der beiden Eileiter in die Gebärmutter. Der Gelbkörper schrumpft und verkümmert in dieser Zeit. Bleibt die Eizelle in der Gebärmutterschleimhaut unbefruchtet, stirbt sie ab. Während der Menstruation löst sich die Gebärmutterschleimhaut.

2.

Eizelle	Spermiumzelle
Durchmesser etwa 0,2 mm	Etwa 0,06 mm lang
einheitliche Zelle, Kranzzellen umgeben das Äußere der Membran.	gegliedert in Kopf, Mittelteil und Schwanz
Chromosomen im Zellkern enthalten die Erbinformation.	Kopfteil mit Zellkern. Die Chromosomen im Zellkern enthalten die Erbinformation.
Eidotter im Inneren	Im Mittelteil wird durch die Zellatmung aus Glucose Energie freigesetzt.
keine aktive Bewegung	Die aktive Bewegung erfolgt durch den Schwanzteil.
nach dem Eisprung nur wenige Stunden befruchtungsfähig	wird in den Nebenhoden einige Wochen lang gelagert

3.
Beim Menschen bekommt ein sich entwickelnder Embryo/Fetus während der Schwangerschaft alle benötigten Nährstoffe über die Plazenta zugeführt. Da die Entwicklung eines Kükens im Ei erfolgt, ohne die Zufuhr von Nährstoffen von außen, sind in der Hühnereizelle alle benötigten Nährstoffvorräte für das Küken bis zum Schlüpfen enthalten.

5.4 Das Hormonsystem des Menschen im Überblick

Hormone als Signalstoffe, Beispiele wichtiger Hormondrüsen, Hormone und ihre Wirkung	Abb. 1
Allgemein: Die fünf Ebenen der Hormonwirkung	**1.** Abb. 2
Hormone wirken nur auf bestimmte Zellen (Zielzellen) – Das Schlüssel-Schloss-Prinzip	**2.** Abb. 4
Wachstumshormone	**3., 4.** Abb. 3, 5

1.

Ebene 1: Das Gehirn erhält Informationen über die Sinne. Nervensystem und Hormonsystem arbeiten eng zusammen, sodass äußere Reize hormonelle Reaktionen beeinflussen können.

Ebene II: Die Verbindungsstelle zwischen dem Nervensystem und dem Hormonsystem ist der Hypothalamus. Dieser besitzt für die anderen Hormondrüsen eine übergeordnete Funktion. Der Hypothalamus produziert Hormone, die die Freisetzung weiterer Hormone aus der Hypophyse beeinflussen.

Ebene III: Die Hypophyse produziert Hormone, die direkt auf die Zielzellen in bestimmten Organen wirken (Somatotropin, Prolactin). Außerdem werden Hormone gebildet, die andere Hormondrüsen im Körper anregen, ihrerseits Hormone zu bilden (FSH, Thyreotropin, ACTH).

Ebene IV: Die Hormondrüsen bilden spezifische Hormone. Diese Botenstoffe werden in das Blut abgegeben und so im ganzen Körper verteilt.

Ebene V: Jedes Hormon wirkt nur auf spezielle Zellen in bestimmten Organen. Diese Zellen nennt man Zielzellen.

Hinweis: ACTH wird im Grundwissentext nicht genannt. Aus Abbildung 2 lässt sich erschließen, dass ACTH eine Hormonbildung in den Nebennieren bewirkt.

2.
Abbildung 4 zeigt jeweils eine Zelle unterschiedlicher Hormondrüsen (A-D). Die spezifische Struktur der Hormonmoleküle ist schematisch veranschaulicht:
Hormon A: kreisförmig
Hormon B: sternförmig
Hormon C: dreieckig
Hormon D: quadratisch
Die Hormone A-D werden in ein Blutgefäß abgegeben und gelangen so zu den Zielzellen (1-4). Die Zielzellen 1-4 besitzen wie ein Schloss passgenaue Rezeptoren auf ihren Zellmembranen. Nur solche Hormonmoleküle, deren Struktur wie ein Schlüssel exakt in diese Rezeptoren passen, können dort andocken und damit ihre Wirkung entfalten.
Hormon A: passt zum Rezeptor der Zielzelle 3
Hormon B: passt zum Rezeptor der Zielzelle 4
Hormon C: passt zum Rezeptor der Zielzelle 2
Hormon D: passt zum Rezeptor der Zielzelle 1
Hinweis: Zur Vereinfachung sind die Strukturen nur zweidimensional angegeben.

3.
Die Hypophyse produziert das Wachstumshormon Somatotropin (Abb. 1, 2). Bei einer Tumorerkran-

kung ist die Anzahl der hormonproduzierenden Zellen deutlich erhöht. Allgemein sind Regulationsprozesse gestört.
Hypothese: Durch die Tumorerkrankung wird die Konzentration der Somatotropinmoleküle erhöht. Dadurch erhalten mehr Zielzellen die Information zur Wirkungsentfaltung: Die Folge ist ein gesteigertes Körperwachstum.

4.

Bis zur Entfernung der Wachstumshormonzellen in der Hypophyse zeigen beide Gruppen ein gleichmäßiges Körperwachstum. Nach der Zerstörung der Wachstumshormonzellen weist die Gruppe der Versuchstiere, die kein Wachstumshormon erhielt, nur noch ein sehr geringes Wachstum auf und die Versuchstiere bleiben klein. Die Versuchstiere, die nach der Zerstörung der Wachstumshormonzellen mit Wachstumshormonen behandelt wurden, zeigen dagegen ein nahezu gleichmäßiges und kontinuierlich starkes Körperwachstum. Dies entspricht vermutlich ungefähr dem natürlichen Wachstum der Ratten, da die Steilheit der Kurve bestehen bleibt.
Die Versuchsergebnisse deuten eine ursächliche Wirkung der Wachstumshormon produzierenden Zellen auf die Entwicklung der Körperlänge bei Ratten an. Gleichzeitig zeigt das Versuchsergebnis, dass eine wirkungsvolle Behandlung mit Wachstumshormonen möglich ist.
Hinweis/Anmerkung: Ein Rückbezug zu Aufgabe 3 wäre denkbar: Die Experimente in Abbildung 5 zeigen eindeutig die Wirkung der Wachstumshormone der Hypophyse. Ließe sich dieses Tiermodell auf den Menschen übertragen, wäre eine Verifizierung der Hypothese aus Aufgabe 3 möglich.

5.5 Hormonelle Regulation des weiblichen Zyklus

Hormonelle Vorgänge beim weiblichen Zyklus	**1. a**	Abb. 1
Vergleich Befruchtung/Nicht-Befruchtung	**1. b**	Abb. 1
Wirkung von FSH und LH bei Mann und Frau	**2.**	
Körpertemperatur und Zyklus	**4.**	Abb. 1
Häufigkeit der Zykluslänge und des Eisprungs	**3.**	Abb. 2
Hormonelle Regulation als Kreisdarstellung	**5.**	Abb. 3
Ein weiteres Hormon: HCG		Abb. 4

1.

a)

Hormon	Produktionsort	Wirkung auf den Körper
Freisetzungshormone	Hypothalamus	Stimulation der Hypophyse zur Produktion von LH und FSH
FSH	Hypophyse	Wachstum und Reifung eines Follikels im Eierstock im Zeitraum von etwa 14 Tagen
LH	Hypophyse	Endgültige Reifung des Follikels, Eisprung und Gelbkörperbildung
Östrogene	heranreifender Follikel	Wachstum der Gebärmutterschleimhaut innerhalb von ca. zwei Wochen auf ungefähr die 4-fache Dicke (von 1,5 auf 6mm)
Progesteron	Gelbkörper	Vorbereitung der Einnistung einer befruchteten Eizelle in die Gebärmutterschleimhaut. Hemmung der Produktion von FSH und LH. So kann im Eierstock kein weiterer Follikel heranreifen.

b)

Das Follikel stimulierende Hormon FSH bewirkt das Wachstum und die Reifung eines Follikels im Eierstock im Zeitraum von etwa 14 Tagen. Das luteinisierende Hormon LH steuert die endgültige Reifung des Follikels, den Eisprung und die Gelbkörperbildung. Der heranreifende Follikel bildet Östrogene. Diese fördern das Wachstum der Gebärmutterschleimhaut. Nach dem Eisprung bildet der Rest des Follikels den Gelbkörper. Dieser produziert Progesteron.

Vorgänge mit Befruchtung: Durch Progesteron wird die Einnistung einer befruchteten Eizelle vorbereitet. Die befruchtete Eizelle teilt sich mehrfach, der entstehende mehrzellige Embryo nistet sich in der Gebärmutter ein. Progesteron regelt weiterhin die Erhaltung der Gebärmutterschleimhaut, die ständig mit Nährstoffen versorgt wird. Durch die Einnistung des Embryos wird das Schwangerschaftshormon HCG gebildet. Der Gelbkörper wird dadurch nicht abgebaut. Die Produktion von FSH und LH wird gehemmt. Im Eierstock kann kein weiterer Follikel heranreifen.

Vorgänge ohne Befruchtung: Bleibt die Eizelle unbefruchtet, bildet sich der Gelbkörper zurück, wodurch die Konzentration des Progesterons sinkt. Als Folge wird die Gebärmutterschleimhaut abgebaut und durch die beginnende Menstruation abgestoßen. Durch die sinkende Konzentration von Progesteron kommt es vermehrt zur Bildung von LH und FSH und es kann ein neuer Follikel heranreifen.

2.

a)

FSH und LH beim Mann	FSH und LH bei der Frau
Mit Beginn der Pubertät beginnen durch Hormone gesteuerte Vorgänge. Im Gehirn gelangen vom Hypothalamus vermehrt Freisetzungshormone zur Hypophyse. Die Hypophyse gibt LH und FSH in das Blut ab. Diese wirken auf die Hoden und stimulieren die Testosteron- und Spermienbildung. Die Spermienbildung wird zusätzlich durch Inhibin gefördert. Testosteron und Inhibin wirken hemmend auf die Aktivität des Hypothalamus und der Hypophyse. Durch diese Regelung wird das männliche Fortpflanzungssystem kontrolliert.	Freisetzungshormone des Hypothalamus bewirken eine Stimulation der Hypophyse zur Produktion von LH und FSH. FSH stimuliert das Wachstum und die Reifung eines Follikels im Eierstock im Zeitraum von etwa 14 Tagen. LH bewirkt die endgültige Reifung des Follikels, den Eisprung und die Gelbkörperbildung. Vom Gelbkörper produziertes Progesteron hemmt die Produktion von FSH und LH. Durch diese Regelung wird das weibliche Fortpflanzungssystem derart kontrolliert, dass nach der Befruchtung einer Eizelle kein weiterer Follikel im Eierstock heranreifen kann.

b) *FSH fehlt:* Wachstum und Heranreifen eines Follikels unterbleiben. Das hat zur Folge, dass auch alle folgenden hormonellen Regelungsprozesse ausfallen.
Progesteron fehlt: Die Einnistung einer befruchteten Eizelle wird nicht vorbereitet. Die Ausschüttung von FSH und LH wird nicht gehemmt. Follikel können unkontrolliert heranreifen und die Östrogenproduktion kann zunehmend stimuliert werden. Das Wachstum der Gebärmutterschleimhaut erfolgt ebenfalls unkontrolliert. Die hormonellen Regelungsprozesse zum weiblichen Zyklus funktionieren nicht mehr.

3.

In Abbildung a ist die Häufigkeit der bei geschlechtsreifen Frauen beobachteten Zykluslängen in Tagen dargestellt. Bei weniger als 1 % setzt die Blutung bereits nach 20 Tagen ein. Meistens beginnt die Blutung zwischen dem 25. und 30. Zyklustag. Es gibt aber auch Fälle, bei denen der Zyklus deutlich länger dauert, sogar bis zu 50 Tage.
Kernaussage: Die häufig als „normal" angegebenen 28 Tage für eine Zykluslänge sind nur bei 15 % der der beobachteten Zyklen aufgetreten.
In Abbildung b ist die Häufigkeit dargestellt, mit der der Eisprung auf die jeweiligen Zyklustage entfällt. Der früheste gemessene Termin für den Eisprung liegt am 7. Zyklustag (weniger als 1 % der Zyklen). Am häufigsten liegt der Eisprung am 13. oder 14. Zyklustag. Es gibt aber auch viele Fälle, bei denen der Eisprung mehrere Tage davor oder danach geschieht. Bei etwa 1 % der beobachteten Zyklen liegt der Eisprung sehr spät am 19. Zyklustag.
Kernaussage: Der häufig als „normal" angegebene 14. Zyklustag als Zeitpunkt für den Eisprung ist gar nicht so häufig. Er liegt nur bei 14 % der Zyklen vor.

4.

Tag 1:
- Beginn der Regelblutung
- Gehalt im Blut an
    - FSH relativ hoch, bei etwa 20 rel. Einheiten
    - LH niedrig, bei etwa 5 rel. Einheiten
    - Östrogen niedrig, bei etwa 0,02 µg/l
    - Progesteron niedrig. bei etwa 0 µg/l
- Körpertemperatur bei etwa 36,5 °C

Tag 5:
- Regelblutung beendet
- Gehalt im Blut an
    - FSH gestiegen, bei etwa 30 rel. Einheiten
    - LH niedrig, bei etwa 5 rel. Einheiten
    - Östrogen gestiegen, bei etwa 0,05 µg/l
    - Progesteron niedrig, bei etwa 0 µg/l
- Körpertemperatur bei etwa 36,5 °C

Tag 10:
- Gebärmutterschleimhaut baut sich auf
- Gehalt im Blut an
    - FSH fast niedrigster Wert. bei etwa 10 rel. Einheiten
    - LH niedrig (s. o.), kurz vor steilem Anstieg
    - Östrogen gestiegen, bei etwa 0,1 µg/l
    - Progesteron niedrig, bei etwa 0 µg/l
- Körpertemperatur bei etwa 36,5 °C

Tag 15:
- Gebärmutterschleimhaut baut sich weiter auf
- Gehalt im Blut an
  - FSH von Peak bei etwa 25 rel. Einheiten am 14. Tag gefallen auf knapp 20 rel. Einheiten
  - LH von Peak bei 50 rel. Einheiten am 14. Tag gefallen auf knapp 30 rel. Einheiten
  - Östrogen von Peak bei 0,35 µg/l am 13. Tag gefallen auf 0,3 µg/l
  - Progesteron gestiegen, bei etwa 5 µg/l
- Körpertemperatur angestiegen auf 37 °C

Tag 20:
- Gebärmutterschleimhaut baut sich weiter auf
- Gehalt im Blut an
  - FSH unverändert, bei etwa 20 rel. Einheiten
  - LH gesunken, bei etwa 20 rel. Einheiten
  - Östrogen mit leichtem Peak bei 0,2 µg/l
  - Progesteron minimal gesunken auf 0,35 µg/l nach Maximum am 17. Tag
- Körpertemperatur unverändert hoch

Tag 25:
- Gebärmutterschleimhaut maximal aufgebaut
- Gehalt im Blut an
  - FSH unverändert, bei etwa 20 rel. Einheiten
  - LH fast auf minimalen Wert gesunken
  - Östrogen gesunken, bei etwa 0,1 µg/l
  - Progesteron steil gesunken, bei 0,15 µg/l
- Körpertemperatur unverändert hoch, aber kurz vor Abfall am 27. Tag

5.

Die Begründung ergibt sich jeweils aus den Übereinstimmungen mit den Hormonkonzentrationen, die in Abbildung 1 dargestellt sind.

1 FSH: Anstieg bis zum 6. Tag, zweiter Peak um den 14. Tag

2 Östrogen: Anstieg mit extremem Peak um 14. Tag und schwächerem Peak um 20. Tag

3 LH: Anstieg mit Maximum um den 14. Tag, danach kontinuierliches Absinken

4 Progesteron: niedrige Werte bis um 14. Tag und starker Anstieg bis zum 18. Tag

5.6 Befruchtung und Einnistung

Vom Eisprung zur Einnistung	**1.** Abb. 1, 2

Schema zur Entstehung von Zwillingen	**2.** Abb. 3

1.

Individuelle Lösung mit folgenden Daten:

Zeit	Ereignis	Ort
bis 24 Stunden vor der Befruchtung	Eisprung	im Eierstock
bis 24 Std. nach Eisprung	Befruchtung der Eizelle	im Eileiter
30 Std. nach Befruchtung	Teilung der Zygote in zwei identische Tochterzellen	im Eileiter
60 Std. nach Befruchtung	Weitere Teilungen bis zum 8-Zellen-Stadium	im Eileiter
3 Tage nach Befruchtung	Weitere Teilungen bis zum Bläschenkeim	im Gebärmuttereingang
6-7 Tage nach Befruchtung	Bläschenkeim beginnt sich in Gebärmutterschleimhaut einzunisten	in der Gebärmutter

Es bietet sich an, auf der Zeitleiste die Befruchtung als Nullpunkt zu nehmen.

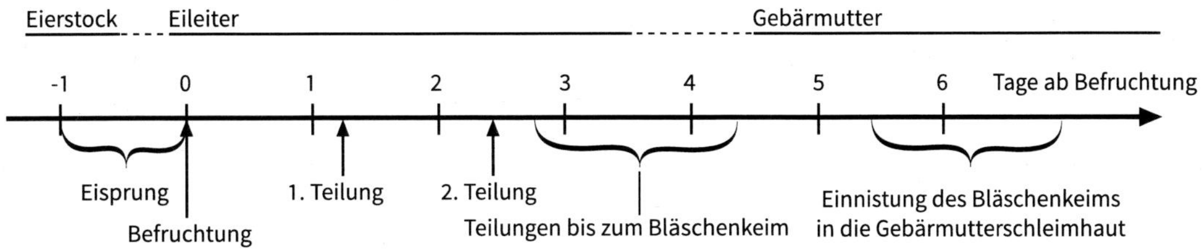

2.

Entstehung eineiiger Zwillinge:

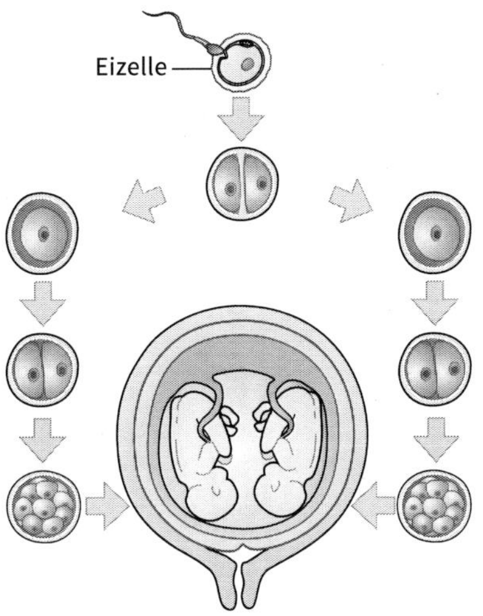

Hier liegt der Regelfall vor, dass in einem Zyklus nur ein Follikel ausgereift ist. Die Eizelle wird von einem Spermium befruchtet. Aus der befruchteten Eizelle entstehen zwei identische Tochterzellen. Entgegen dem Regelfall (anschließendes 4-Zellen-Stadium) lösen sich die identischen Tochterzellen voneinander. Aus jeder dieser beiden Tochterzellen entwickelt sich nach Durchlaufen der verschiedenen Teilungsstadien ein Bläschenkeim. Beide Bläschenkeime nisten sich in der vorbereiteten Gebärmutterschleimhaut ein und es entwickeln sich zwei Embryonen bzw. Feten in einer gemeinsamen Fruchtblase und mit einer gemeinsamen Plazenta.

Entstehung zweieiiger Zwillinge:

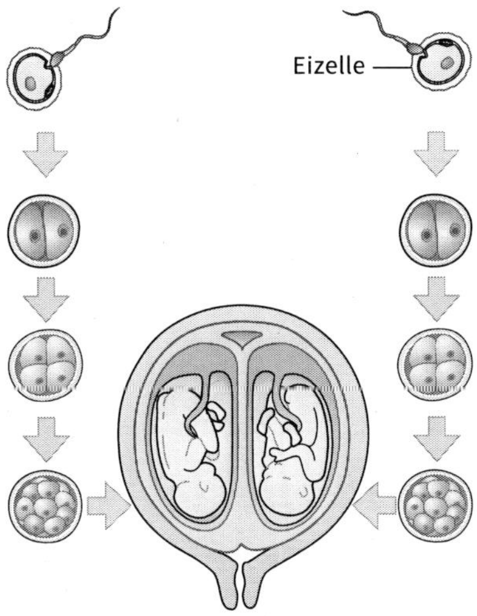

Hier liegt der Regelfall nicht vor: Es sind in einem Zyklus zwei Follikel ausgereift. Jede der beiden Eizellen wird von einem Spermium befruchtet. Aus der befruchteten Eizelle entstehen jeweils zwei identische Tochterzellen, die sich wieder teilen, sodass zwei 4-Zellen-Stadien vorliegen. Aus jedem der beiden 4-Zellen-Stadien geht nach weiteren Teilungen ein Bläschenkeim hervor. Beide Bläschenkeime nisten sich in der vorbereiteten Gebärmutterschleimhaut ein, und es entwickeln sich zwei Embryonen bzw. Feten in getrennten Fruchtblasen und mit jeweils eigener Plazenta.

5.7 Die Plazenta

Stoffaustausch in der Plazenta	**1.** Abb. 1, 2, 4
Wirkung von Contergan	**2., 3.** Abb. 3, 5
Versorgung von Embryo und Fetus	**4.** Abb. 2, 4

1.

Über die Blutgefäße der Nabelschnur gelangt kohlenstoffdioxidreiches Blut des Fetus in die Zotten, die von der stark durchbluteten Gebärmutterschleimhaut umgeben sind. Das kohlenstoffdioxidreiche Blut in den fetalen Zotten wird vom mütterlichen Blut umspült. Dabei findet ein Austausch verschiedener Stoffe zwischen fetalem und mütterlichem Blut statt, z. B. gelangt Kohlenstoffdioxid aus dem Blut des Fetus in das Blut der Mutter. Das sauerstoffreiche Blut in den fetalen Zotten fließt in Richtung Nabelschnur und Sauerstoff gelangt in den embryonalen Kreislauf. Das sauerstoffarme Blut in der Plazenta fließt in den Kreislauf der Mutter zurück.
Die Plazentaschranke trennt durch die dünnen Wände der Zotten das Blut der Mutter vom Blut des Fetus, sodass es nicht zu einer Durchmischung kommt. Der Austausch von Nährstoffen, Kohlenstoffdioxid und Sauerstoff erfolgt durch Diffusion. Vitamine und bestimmte andere Stoffe werden durch spezielle Transportvorgänge aufgenommen. Manche Krankheitserreger, Alkohol, Medikamente oder Drogen können die Plazenta passieren und so in den Blutkreislauf des Fetus gelangen.

2.

Den Textinformationen in Abb. 5 ist zu entnehmen, dass Contergan mit dem Wirkstoff Thalidomid im Oktober 1957 auf den Markt kam. Ab dem darauf folgenden Jahr 1958 bis 1961 wurden in Deutschland etwa 4000 Kinder geboren, die besondere Fehlbildungen im Bereich der Arme und Beine aufwiesen. Auch innere Organe und die Ohren waren betroffen. Im November 1961 wurde Contergan vom Markt genommen. Die charakteristischen Fehlbildungen gingen im Verlauf des Jahres 1962 drastisch zurück und wurden danach nicht mehr beobachtet. Abbildung 3 zeigt, dass Thalidomid den Embryo bzw. Fetus von der 3./4. bis zur 7./8. Woche der Entwicklung schädigt. In diesem Zeitraum hat die Ausbildung der Beine und Arme jeweils die Phase höchster Sensibilität. Bereits Ende der 8. Woche ist die Entwicklung von Armen und Beinen abgeschlossen, sodass keine Fehlbildungen mehr erzeugt werden können. Ähnliche Zusammenhänge bestehen auch für die Entwicklung von Herz und Ohren.

3.

Die rote Kurve stellt die relativen Verkaufsmengen von Thalidomid dar. Der Absatz beginnt laut Grafik im Jahr 1959 und steigt bis 1960 an. Im Laufe des Jahres 1961 sinken die Absatzzahlen, ab Mitte des Jahres rapide auf 0, da das Medikament vom Markt genommen wird.
Die Kurve, die das Auftreten der spezifischen Missbildungen darstellt, hat einen ähnlichen Verlauf wie die Absatzkurve, jedoch mit einem etwa achtmonatigen Versatz.
Der Zusammenhang der beiden Kurven ist deutlich: auf Zeiten mit hohem Thalidomidabsatz folgen ca. 8 Monate später entsprechend viele Geburten von Kindern mit Fehlbildungen, während das Verbot von Thalidomid entsprechend dazu führte, dass 8 Monate später keine Kinder mehr mit diesen Fehlbildungen geboren wurden.

4.

Modellhaft betrachtet fließen das Blut der Mutter und das des Fetus auf beiden Seiten der Plazentaschranke nebeneinander her. Man kann dies als "Gleichstromprinzip" bezeichnen, bei dem über einen längeren Zeitraum Stoffe durch eine trennende Barriere diffundieren können und damit Konzentrationsunterschiede zwischen beiden Räumen ausgleichen: Das sauerstoffreiche und nährstoffreiche Blut der Mutter fließt neben dem sauerstoffarmen und nährstoffarmen Blut des Embryos bzw. des Fetus entlang. Durch Diffusion infolge der Eigenbewegung der Teilchen gelangen nun der Sauerstoff und die Nährstoffe entlang des Konzentrationsgefälles in das Blut des Fetus. Umgekehrt gelangen so das Kohlenstoffdioxid und die Abfallstoffe auf die gleiche Weise in das Blut der Mutter. Die Konzentrationen an Nährstoffen und Sauerstoff können infolge dieses Prinzips im Blut des Fetus jedoch nicht über den Konzentrationen im Blut der Mutter liegen.

5.8 Schwangerschaft und Geburt

Schwangerschaftsverlauf und Entwicklung der Organe des Fetus	**1.**	Abb. 1, 3
Gewichtszunahme in der Schwangerschaft	**2.**	Abb. 2
Lebensfähigkeit bei Frühgeburten	**3.**	
Blutkreislauf von Fetus und Neugeborenem	**4.**	Abb. 4

1.

a) Veränderungen im Mutterleib (Abb.1):

- Vor der 16. Woche ist der Fetus bereits zu erkennen.
- Bis zur 16. Woche ist der Fetus stark gewachsen. Durch die vergrößerte Gebärmutter wird die Lage von Dünn-, Dickdarm und Magen leicht verschoben. Die Schwangerschaft ist äußerlich erkennbar.
- Bis zur 28. Woche ist der Fetus stark gewachsen. Sein Kopf liegt in Richtung Gebärmutterausgang. Die Lage der inneren Organe der Mutter verändert sich weiter. Auch die Harnblase ist betroffen. Der mütterliche Bauch wölbt sich stärker vor.
- Bis zur 36. Woche ist der Fetus stark gewachsen. Die Lage der inneren Organe der Mutter verändert sich weiter. Die Brustdrüsen sind gewachsen.
- Bis zur 40. Woche ist der Fetus stark gewachsen. Sein Kopf rutscht tiefer ins Becken. Die Lage der inneren Organe der Mutter verändert sich weiter. Die Brustdrüsen sind gewachsen.
- Die Bauchmuskeln werden im Verlauf einer Schwangerschaft stark gedehnt, die Rückenmuskeln müssen sich in jeder Körperhaltung den durch die Schwangerschaft bedingten Gewichtsveränderungen ständig anpassen bzw. diese kompensieren.

Entwicklung der Organe des Fetus (Abb.3):
Kopf: Die Entwicklung des Kopfes beginnt bereits in den ersten Tagen der ersten Woche der Schwangerschaft. Am Ende der ersten Woche bis etwa zur 5. Woche ist er deutlich erkennbar. Danach ist er ab der 6. Woche gut und gegen Ende der 28. Woche voll entwickelt.
Gehirn: Die Entwicklung des Gehirns beginnt in der dritten Woche der Schwangerschaft. Am Ende der 5. Woche bis etwa zur 10. Woche ist es deutlich erkennbar. Danach ist es gut entwickelt und gegen Ende der 25. Woche voll entwickelt.
Nerven: Die Entwicklung der Nerven beginnt in der 4. Woche der Schwangerschaft. Am Ende der 5. Woche bis etwa zu Beginn der 13. Woche sind sie deutlich erkennbar. Danach sind sie gut entwickelt und gegen Ende der 31. Woche voll entwickelt.
Augen: Die Entwicklung der Augen beginnt gegen Ende der 3. Woche der Schwangerschaft. Am Ende der 6. Woche bis etwa zu Beginn der 12. Woche sind sie deutlich erkennbar. Danach sind sie gut entwickelt und gegen Ende der 18. Woche voll entwickelt.
Ohren: Die Entwicklung der Ohren beginnt in der 4. Woche der Schwangerschaft. Zu Beginn der 8. Woche bis etwa gegen Ende 15. Woche sind sie deutlich erkennbar. Danach sind sie gut entwickelt und Verlauf der 23. Woche voll entwickelt.
Herz: Die Entwicklung des Herzens beginnt in der 2. bis 3. Woche der Schwangerschaft. In der 4. Woche bis etwa zur 8. Woche ist es deutlich erkennbar. Danach ist es gut entwickelt und in der 12. Woche voll entwickelt.

Gliedmaßen: Die Entwicklung der Gliedmaßen beginnt in der 4. Woche der Schwangerschaft. Zu Beginn der 8. Woche bis etwa gegen Ende 15. Woche sind sie deutlich erkennbar. In der 16. Woche sind sie voll entwickelt.
Nieren: Die Entwicklung der Nieren beginnt in der 4. Woche der Schwangerschaft. Zu Beginn der 12. Woche bis etwa gegen Ende 14. Woche sind sie deutlich erkennbar. Danach sind sie gut entwickelt und in der 23. Woche sind sie voll entwickelt.

b) Zusätzliche Belastungen von außen können reduziert werden, wenn einer Schwangeren
- das Tragen von schweren Dingen abgenommen wird,
- langes Stehen durch Anbieten eines Sitzplatzes im Bus erspart wird,
- einige Wege, die z. B. mit Treppensteigen verbunden sind, abgenommen werden,
- Tätigkeiten abgenommen werden, die größere Beweglichkeit erfordern, wie Fensterputzen oder Benutzung von Treppenleitern.

2.

Hinweis: die Aufgabe bezieht sich auf Abbildung 2, nicht 3, wie in der ersten Auflage gedruckt.
Eine schwangerschaftsbedingte Gewichtszunahme beginnt etwa in der 10. Schwangerschaftswoche (SSW). – Während das Gewicht des Fetus bis zur 20. SSW auf etwa 0,3 kg allmählich ansteigt, nimmt es bis zur 30. SSW bis auf etwa 1,5 kg zu und hat gegen Ende der Schwangerschaft einen Wert von etwa 3,4 kg erreicht. Das Gewicht des Fruchtwassers nimmt allmählich zu und erreicht seinen maximalen Wert von knapp 1 kg etwa in der 35. SSW, und fällt dann leicht bis zum Geburtstermin wieder ab. Die Gewichtszunahme der Plazenta erfolgt fast kontinuierlich bis zum maximalen Wert von etwa 0,75 kg am Ende der Schwangerschaft.

SSW	Fetus [kg]	Fruchtwasser [kg]	Plazenta [kg]	Gesamtgewicht [kg]
20	0,4	0,45	0,2	1,05
30	1,5	0,85	0,5	2,85
40	3,4	0,9	0,8	5,1

3.

Individuelle Lösung, z. B.:
Vor allem der Entwicklungsstand der Organe entscheidet bei Frühgeburten über die Lebensfähigkeit. Das Herz ist schon in der 10. Woche voll entwickelt aber erst zum Zeitpunkt der 23. Schwangerschaftswoche ist die Entwicklung der Nieren abgeschlossen. Die Funktion dieser beiden Organe ist lebensnotwendig. Gehirn und Nerven sind in der 23. bis 25. Woche noch nicht voll entwickelt. Ihre Entwicklung kann jedoch auch außerhalb des Mutterleibes weitergehen.
Hinweis: Außer Herz und Nieren muss auch die Lunge zum Zeitpunkt der Geburt funktionsfähig sein.

4.

Gemeinsamkeiten: Blut strömt in einem Kreislauf; Kopf, Rumpf und Extremitäten werden durchblutet; Arterien führen vom Herzen weg, Venen führen zum Herzen hin.
Unterschiede: Der Fetus hat ein Loch in der Herzscheidewand, beim Neugeborenen ist es geschlossen. Der Fetus hat einen Botalli-Gang, das Neugeborene nicht. Beim Fetus geschieht die Sauerstoffanreicherung des Blutes in der Plazenta, beim Neugeborenen in der Lunge. Beim Fetus enthält die rechte Herzkammer sauerstoffreicheres Mischblut, beim Neugeborenen enthält sie sauerstoffreiches Blut. Beim Fetus enthält die linke Herzkammer sauerstoffärmeres Mischblut, beim Neugeborenen enthält sie sauerstoffarmes Blut.
Blutkreislauf beim Fetus: Das sauerstoffreichere Blut aus der Plazenta fließt über die Nabelvene in Richtung Herz. Durch den Zufluss sauerstoffärmeren Mischblutes aus dem Körperkreislauf bzw. sauerstoffarmen Blutes aus den Beinen, gelangt nun sauerstoffreicheres Mischblut in die rechte Herzkammer. Ein Teil des sauerstoffreicheren Mischblutes gelangt über ein Loch in der Herzscheidewand in die linke Herzkammer. Der andere Teil fließt - durch den Zufluss sauerstoffarmen Blutes aus dem Kopfkreislauf - als sauerstoffärmeres Mischblut in die Lunge bzw. über den „Botalli-Gang" in den Körperkreislauf. Aus der Lunge gelangt das jetzt sauerstoffarme Blut in die linke Herzkammer. Von der linken Herzkammer fließt ein Teil als sauerstoffärmeres Mischblut in Richtung Kopf und von dort als sau-

erstoffarmes Blut in die rechte Herzkammer. Der andere Teil des Blutes aus der linken Herzkammer gelangt nach Zufluss sauerstoffärmeren Mischblutes aus dem „Botalli-Gang" in den Körperkreislauf. Das sauerstoffärmere Mischblut des Körperkreislaufes teilt sich auf: Ein Teil vermischt sich mit sauerstoffreichem Blut aus der Nabelvene und fließt Richtung Herz. Ein Teil versorgt die Beine und fließt als sauerstoffarmes Blut mit dem sauerstoffreichen Blut aus der Nabelvene vermischt Richtung Herz. Ein Teil fließt über die Nabelarterien in die Plazenta und wird dort mit Sauerstoff angereichert.

Blutkreislauf beim Neugeborenen: Sauerstoffarmes Blut gelangt in die rechte Herzkammer und von dort in die Lunge, in welcher der Gasaustausch stattfindet. Das nun sauerstoffreiche Blut fließt in die linke Herzkammer und gelangt von dort in den Körperkreislauf. Als sauerstoffarmes Blut fließt es aus Kopf, Körper und Beinen der rechten Herzkammer zu.

5.9 Hormonelle Empfängnisverhütung

Kontrazeptiva	**1.–3.** Abb. 1, 3, 5
Geschichte der hormonellen Empfängnisverhütung	**4.** Abb. 4

1.

In Hypothalamus und Hypophyse wird die Bildung von LH und FSH gehemmt. Durch die zu geringen Mengen dieser Hormone finden im Eierstock keine Follikelreifung, kein Eisprung und keine Gelbkörperbildung statt und die Bildung von körpereigenem Östrogen und Progesteron wird gehemmt. Die künstlich zugeführten Östrogene bewirken den Aufbau der Gebärmutterschleimhaut. In der tablettenfreien Zeit wird diese abgestoßen (Blutung).

2.

Einphasenpräparate enthalten über den ganzen Einnahmezeitraum die gleichen Mengen an Östrogen und Gestagen. Auch Zwei- und Dreiphasenpräparate enthalten Östrogen und Gestagen, jedoch ist in Zweiphasenpräparaten der Östrogenanteil in den ersten 11 Tagen geringer als danach. Bei Dreiphasenpräparaten ändern sich die Anteile von Östrogen und Gestagen während der Einnahmezeit in drei Schritten (Tag 1-5, Tag 6-11, Tag 12-28). Bei der Verwendung von Vierphasenpräparaten wird die Konzentration beider Hormone viermal verändert. Die Minipille, die jeden Tag exakt zur gleichen Uhrzeit eingenommen werden muss, enthält nur Gestagen.

3.

a) Alle Dragees der Packung enthalten über eine Einnahmephase die unveränderte Menge eines Gestagens und eines Östrogens. Das ist nur bei einem Einphasenpräparat der Fall. Einphasenpräparate gehören zu den Ovulationshemmern.

b)
- Gesundheitsschäden bei Schwangerschaft, Lebererkrankungen, Gefäß- und Stoffwechselerkrankungen, bei Raucherinnen erhöhtes Risiko
  Hinweis: Gründlicher Gesundheitscheck vor Anwendung; eventuell Wahl anderer Verhütungsmittel
- Einnahmefehler, Erbrechen oder Darmkrankheit mit Durchfall, Wechselwirkung mit anderen Medikamenten können die empfängnisverhütende Wirkung herabsetzen.
  Hinweis: Bei Beeinträchtigung der schwangerschaftsverhindernden Wirkung ist die Anwendung zusätzlicher Verhütungsmethoden notwendig.

4.

Das Kaninchen hätte bei sofortigem Deckerfolg schon nach 28-30 Tagen also etwa zwischen dem 08/04 und 10/04/1919 - Junge werfen können. Verschieden weitere Deckversuche waren erfolglos. Die Vermutung liegt nahe, dass die von den Eierstöcken eines trächtigen Kaninchens produzierten Hormone bei Kaninchen B einen Eisprung nach den verschiedenen Deckaktionen zwischen dem 11/03 und dem 19/05 verhindert haben.

5.10 Partnerschaft und Verantwortung

Partnerschaft und Verantwortung in verschiedenen Lebensabschnitten	**1.** Abb. 1
Ausnutzen von Gefühlen	**2.** Abb. 1
Verhütungsmethoden	**3.** Abb. 2
Verhütung bei Jugendlichen	**4.** Abb. 3

1.
In einer Partnerschaft versucht jeder der beiden, sich über seine eigenen Gefühle klar zu werden und diese auch mitzuteilen. Dann können beide einander besser verstehen. Das junge Paar in Abbildung 2 zeigt Zuneigung und Vertrautheit. In einer Freundschaft besteht eine enge Beziehung, die auf gegenseitiger Zuneigung, Achtung, Ehrlichkeit und Vertrauen beruht. Jeder der beiden Partner übernimmt Verantwortung für das Gelingen der Partnerschaft. Ist der Wunsch nach einer dauerhaften Partnerschaft sehr ausgeprägt, wollen die meisten Männer und Frauen in ihrem Leben heiraten und eine Familie gründen. Eine dauerhafte Bindung wird durch Zärtlichkeiten und Sexualität gestärkt. Für die Eltern der Familie in Abbildung 2 ist die gemeinsame Verantwortung für die Kinder durch Zuverlässigkeit und enges Vertrauen besonders wichtig.
Das ältere Paar in Abbildung 2 hat wahrscheinlich die Erfahrung einer langen gemeinsamen Zeit in gegenseitigem Vertrauen. Die Verantwortung besteht im Alter vor allem in gegenseitiger Hilfe und Versorgung.

2.
Individuelle Lösung.

3.
Verhinderung des Eisprungs: Pille
Verhinderung des Zusammentreffens von Eizelle und Spermium: Kondom, chemische Mittel, Temperaturmethode, Kalendermethode, „Aufpassen"

4.
Hinweis: Der Aufgabentext lautet anders als in der ersten Auflage gedruckt: Verhütung ab dem ersten Geschlechtsverkehr. Zum verantwortliche Umgang mit Sexualität gehört die Verhütung, und zwar ab dem ersten Geschlechtsverkehr. In einer Umfrage wurden Jugendliche nach den angewendeten Verhütungsmethoden bei ihrem ersten, zweiten und letzten Geschlechtsverkehr befragt (Abb. 3). Werte die Grafik aus.
Das Diagramm zeigt Umfrageergebnisse zum Verhütungsverhalten von Mädchen und Jungen beim ersten, zweiten und letzten Geschlechtsverkehr (GV). Die Angaben sind in Prozent der Mädchen, bzw. Jungen dargestellt. Beim ersten und zweiten GV wurde von den meisten Mädchen und Jungen angegeben, dass sie ein Kondom verwendet haben (55 % - 68 %). Später - dafür steht der letzte Geschlechtsverkehr - kommt das Kondom nicht mehr so häufig zum Einsatz (40 % und 52 %). Die Pille kommt bei 31 % der Jugendlichen bereits beim ersten GV zum Einsatz. Ihr Anteil steigt bei den Nennungen der Mädchen und Jungen zum zweiten GV und auch danach deutlich an. 8-9 % der Jungen geben an, durch Abbruch verhütet zu haben. Bei den Mädchen wird Abbruch nur für den ersten GV in nennenswerter Höhe verzeichnet (5 %). Chemische Verhütungsmittel kommen nur selten zum Einsatz. Vor allem zum ersten GV haben viele Jugendliche angegeben, keine Verhütungsmittel angewendet zu haben (Mädchen 11 %, Jungen16 %). Beim zweiten und letzten GV ist dieser Anteil deutlich geringer.
Da Mehrfachnennungen möglich sind (z. B. wenn Pille und Kondom angewendet wurden), sind die Stapelsäulen höher als 100 %. Betrachtet man die gesamte Höhe der Säulen, wird deutlich, dass sowohl bei Jungen als auch bei Mädchen beim zweiten GV mehr Verhütungsmethoden eingesetzt werden.
Zusammenfassend lässt sich sagen, dass die meisten

der befragten Jugendlichen bereits beim ersten GV auf die Verhütung durch die Pille und/oder das Kondom vorbereitet sind. Bei ca. 16 % der Mädchen und 25 % der Jungen ist das Verhütungsverhalten jedoch vor allem beim ersten GV unzureichend (Summe aus Abbruch und fehlenden Verhütungsmitteln).

5.11 Sexuelle Selbstbestimmung und Toleranz

–

5.12 Embryonenschutz – wann beginnt menschliches Leben?

Embryonenschutz in Deutschland, Übersicht, Begriffsklärungen	
Wann beginnt menschliches Leben? Erörterung verschiedener Positionen, ethische Reflektionen	**1.** Abb. 2
Präimplantationsdiagnostik (PID)	**2. a** Abb. 1
Ethische Reflektionen zur PID	
Recherche zu NIPD	**2. b**

1.

Zeitpunkt des Beginns menschlichen Lebens:

Deutsches Gesetz zum Embryonenschutz, 1991: Verschmelzung der Zellkerne von Spermium und Eizelle bei der Befruchtung

Buddhismus: Verschmelzung der Zellkerne von Spermium und Eizelle bei der Befruchtung

Denkweise nach Immanuel Kant: Verschmelzung der Zellkerne von Spermium und Eizelle bei der Befruchtung

Britisches Recht: Schon vor dem 14. Tag nach der Befruchtung stellt der Embryo menschliches Leben dar, aber erst nach der Einnistung in die Gebärmutter ist er ein individuelles menschliches Leben („human life“ vs. „human being")

Ulrich Steinworth: 14. Tag nach der Befruchtung, wenn keine Zwillingsbildung mehr möglich ist und daher „Individualität gegeben ist"

Prophet Mohammed/Islam: nach manchen Interpretationen: 40. Tag nach der Befruchtung, wenn dem Embryo der „Lebensgeist eingehaucht wird“

Judentum: 49. Tag nach der Befruchtung, wenn die „Beseelung erfolgt"

Strafgesetzbuch § 218a: Bis zu 12 Wochen nach der Befruchtung ist der Schwangerschaftsabbruch unter bestimmten Bedingungen straffrei. Daher fordern manche diesen Zeitpunkt als Beginn menschlichen Lebens.

Prophet Mohammed/Islam: nach anderen Interpretationen: 120. Tag nach der Befruchtung, wenn dem Embryo der „Lebensgeist eingehaucht wird“

Stichworte zum Vergleich und zur Diskussion der verschiedenen Positionen könnten u. a. sein:

- In sehr vielen Kulturen ist der Zeitpunkt der Befruchtung der Beginn menschlichen Lebens.
- Befruchtungszeitpunkt ist das einzige eindeutige, „objektive" Ereignis, alle anderen Zeitpunkte als Beginn menschlichen Lebens sind mehr oder weniger willkürlich oder haben starken religiösen Charakter („Lebenshauch", „Beseelung" etc.). Kant nennt in diesem Sinne die Befruchtung auch

die „einzige willkürfreie und eindeutig feststellbare Zäsur".
- Der 14. Tag nach der Befruchtung taucht in mehreren Positionen als kritischer Zeitpunkt auf, weil in diesem Zeitraum die Einnistung erfolgt (ca. sechs Tage nach der Befruchtung) und damit die Schwangerschaft beginnt bzw. weil dies der Zeitpunkt ist, ab dem die Schwangerschaft frühestens bemerkt wird, also für die Mutter die Existenz eines Kindes offenbar wird.

2.

a) Der Wunsch nach einem gesunden Kind hat zur Entwicklung der Präimplatationsdiagnostik (PID) geführt. Damit ist die Erkennung von erblichen Krankheiten nach künstlicher Befruchtung und vor Einbringung des Embryos in die Gebärmutter gemeint.
Verfahren der PID: Durch hormonelle Stimulation werden mehrere Eizellen gewonnen. Die Eizellen werden außerhalb des Körpers künstlich befruchtet. Bei der künstlichen Befruchtung werden mehrere Eizellen durch jeweils eine Spermiumzelle befruchtet. Es entstehen mehrere Embryonen. Jede befruchtete Eizelle gilt als Beginn menschlichen Lebens. Bis etwa zum 8-Zellen-Stadium kann aus jeder einzelnen Zelle ein Embryo heranwachsen, da diese Zellen totipotent sind. Bei der PID wird jedem Embryo im 8-Zellen-Stadium eine totipotente Zelle entnommen. Die so gewonnene Zelle wird zur umfassenden genetischen Analyse des Embryos genutzt. Es hängt vom Ergebnis der genetischen Analyse ab, welcher Embryo für den Transfer in die Gebärmutter ausgewählt wird. Die nicht implantierten Embryonen werden meistens verworfen.
b) Individuelle Lösung, z. B.:
NIPD gehört nicht zu den Präimplantationstechniken. Unter NIPD fasst man Verfahren zusammen, die Aussagen über den Embryo im Mutterleib zulassen, ohne ihn zu beeinträchtigen. Beispielsweise kann man durch die Untersuchung des mütterlichen Blutes auf bestimmte Krankheiten des Kindes schließen. Diese Untersuchungen können letztlich dazu führen, dass die Eltern sich gegen das Kind entscheiden. Wie bei der PID sind solche Untersuchungen daher ethisch bedenklich, z. B. wenn sie in die Regeluntersuchungen bei Schwangeren eingeführt werden sollen.

5.13 Fortpflanzungsmedizin

Verschiedene Methoden medizinischer Fortpflanzungstechnik (künstliche Besamung, künstliche Befruchtung - IVF-, Embryotransfer, Leihmutterschaft, Kryokonservierung)	
Vergleich verschiedener med. Fortpflanzungstechniken	**1.** Abb. 1
Ein Wunschkind um jeden Preis? Ethische Reflektion	**2.** Abb. 1, 3, 4
Späte Erstgeburten	**3.** Abb. 2
Ethische Reflektionen	

1.

	natürliche Fortpflanzung	künstliche Besamung	künstliche Befruchtung
Herkunft der Eizelle(n)	Bildung in den Eierstöcken, reife Eizelle nach Eisprung im Eileiter	Bildung in den Eierstöcken, reife Eizelle nach Eisprung im Eileiter	Bildung in den Eierstöcken, Eizelle wird mit einer feinen Kanüle abgesaugt
Herkunft der Spermien	Bildung in den Hoden, dann im Sperma des Mannes	Bildung in den Hoden, dann Konzentrierung der Spermien aus dem Sperma und Förderung ihrer Beweglichkeit im Reagenzglas	Bildung in den Hoden, Spermien werden aus Sperma entnommen
Ort der Befruchtung	im Eileiter der Frau	im Eileiter der Frau	im Reagenzglas
Zeitpunkt der Befruchtung	nach Geschlechtsverkehr, wenn Spermium die reife Eizelle erreicht	nach Übertragung der Spermien in die Gebärmutter, wenn Spermium die reife Eizelle erreicht	wenn Spermien im Reagenzglas zu reifen Eizellen hinzu gegeben werden
Ort der ersten Zellteilungen des Embryos	im Eileiter	im Eileiter	im Reagenzglas
Ort der Einnistung des Embryos	Gebärmutter	Gebärmutter	Gebärmutter

2.

Fall 1: „Das späte Kind": Bei der Kryokonservierung werden der Frau Eizellen entnommen, diese bei -196 °C eingefroren und gelagert. Nach dem Auftauen wird ein Spermium in die Eizelle gespritzt und im Reagenzglas beginnen die Zellteilungen des entstandenen Embryos. Mehrere dieser Embryonen werden durch einen Schlauch mit einer Spritze in die Gebärmutter gebracht, wo sie sich einnisten.
Durch diese Technik des Einfrierens (kryos [griech.] = Frost) können Eizellen über lange Zeit aufbewahrt, d.h. konserviert werden. So können auch ältere Frauen, die keine reifen Eizellen mehr in ihren Eierstöcken bilden, noch schwanger werden, indem ihnen eigene konservierte Eizellen, die im Reagenzglas befruchtet wurden, eingesetzt werden.
Probleme: Ältere Frauen sind weniger belastbar in der Schwangerschaft und vor allem im Aufziehen eines Kindes. Die Mutter des Kindes wird alt sein und evtl. auf die Hilfe des Kindes angewiesen sein, wenn dieses selbst noch nicht erwachsen sein wird. Das Kind wird evtl. unter der Vorstellung leiden, nach Kryokonservierung im Reagenzglas entstanden zu sein.
Fall 2: Eine der beiden Frauen kann durch eine künstliche Besamung die Spermien eines (evtl. unbekannten) Mannes, z.B. aus einer Samenbank erhalten. Nach der Geburt des Kindes können beide Frauen des Paares sich gleichberechtigt um das Kind kümmern.
Probleme: Nur eine der beiden Frauen kann das Kind austragen. Mit dem Kind biologisch verwandt sind nur die leibliche Mutter und der unbekannte Samenspender. Das Kind ist später eventuell Diskriminierungen ausgesetzt und leidet vielleicht unter dem Wissen, Produkt einer künstlichen Besamung mit einer anonymen Samenspende zu sein und darunter, keinen (sozialen) Vater zu haben. (In Deutschland müsste der Spender der Spermien genannt werden.)
Fall 3: Eizell- und Samenspenden werden mithilfe der Kryokonservierung aufbewahrt. Nach Auftauen der Proben wird im Reagenzglas eine künstliche Befruchtung durchgeführt. Der entstandene Embryo wird in die Gebärmutter der Leihmutter übertragen, wo er sich einnistet und heranwächst.

Nach der Geburt übernehmen die sozialen Eltern den Säugling und das Kind wächst bei ihnen als ihr eigenes auf.
Probleme: Die Leihmutter hat während der Schwangerschaft eine sehr enge Beziehung zum Kind, sodass sie nach der Geburt evtl. das Kind behalten möchte. Das Kind kann später unter den Umständen seiner Entstehung (Kryokonservierung, künstliche Befruchtung mit Ei- und Spermiumzelle aus anonymen Banken, Austragung durch Leihmutter) leiden.
Hinweis: „Samenspende", „Samenbank", „Samenspender" sind gebräuchliche, historisch gewachsene Begriffe und werden deshalb hier verwendet. Geht es aber direkt um die männliche Geschlechtszelle, ist der Begriff Spermium (oder Spermiumzelle) anzuwenden.

3.
Abb. 5: Die Geburtenhäufigkeit in Deutschland ist im Zeitraum von 1990 bis 2010 deutlich gesunken. Die Zahl der jährlichen Geburten betrug 2010 mit 682069 Geburten nur noch 82 %, verglichen mit der Geburtenhäufigkeit in 1990 mit 830019 Geburten.
Abb. 2: Von 1990 bis 2010 ist der Anteil der Geburten bei Müttern in der Altersklasse zwischen 36 und 49 deutlich gestiegen, während der Anteil der Mütter in den Altersklassen 15–20 und 26–35 abgenommen hat (rechts). Auch die allgemeine Altersstruktur der Frauen in diesen drei Altersklassen hat sich im betrachteten Zeitraum demografisch gewandelt: Während 1990 alle drei Klassen fast gleich vertreten waren, stellten die 36 bis 49 Jahre alten Frauen 2010 fast die Hälfte der Frauen im gebärfähigen Alter (links). Dies ist einer der Gründe, warum Mütter 2010 im Durchschnitt älter waren als 1990. Weitere Gründe: Individuelle Lösung, darin z. B.: Spätere Heirat infolge längerer Ausbildungszeiten, Priorität des Berufes in der Zeit nach der Ausbildung, materielle Gründe.

B Wiederholen – Üben – Festigen zum Thema „Hormone und Sexualität"

1.
a) Individuelle Lösung (s. Worterklärungen am Ende des Schulbuches).
b) Individuelle Lösung.

2.
a) Die Hypophyse gibt FSH ab. Im Zeitraum von 14 Tagen reift und wächst dadurch im Eierstock ein Follikel. LH steuert die endgültige Reifung des Follikels und die Gelbkörperbildung. Durch Östrogene, die der heranreifende Follikel bildet, wächst die Gebärmutterschleimhaut. FSH und LH bewirken in einem bestimmten Verhältnis das Platzen des Follikels, dabei kommt es zum Eisprung. Der Rest des Follikels bildet den Gelbkörper, der Progesteron bildet. Progesteron bereitet die Einnistung einer befruchteten Eizelle vor und hemmt die Ausschüttung von FSH und LH. Im Eierstock kann kein weiterer Follikel heranreifen.
Im Falle einer Befruchtung teilt sich die befruchtete Eizelle mehrfach. Nistet sich der Embryo in der Gebärmutterschleimhaut ein, wird HCG gebildet.HCG bewirkt, dass der Gelbkörper nicht abgebaut wird und weiterhin Progesteron bildet. Dadurch wird die Gebärmutterschleimhaut erhalten und weiterhin mit Nährstoffen versorgt.
b) In Hypothalamus und Hypophyse wird die Bildung von LH und FSH gehemmt. Durch die zu geringen Mengen dieser Hormone finden im Eierstock keine Follikelreifung, kein Eisprung und keine Gelbkörperbildung statt und die Bildung von körpereigenem Östrogen und Progesteron wird gehemmt. Die künstlich zugeführten Östrogene bewirken den Aufbau der Gebärmutterschleimhaut. In der tablettenfreien Zeit wird diese abgestoßen (Blutung).

3.
Während des Heranreifens muss der Fetus ständig mit lebensnotwendigen Stoffen versorgt werden, und Giftstoffe müssen abtransportiert werden. Diese Vorgänge passieren in der Plazenta. Durch ihre Struktur wird die Oberfläche, an der die Austausch-

vorgänge stattfinden, enorm vergrößert. Über die Blutgefäße der Nabelschnur gelangt sauerstoffarmes, kohlenstoffdioxidreiches Blut des Fetus in die Zotten, die von der stark durchbluteten Gebärmutterschleimhaut umgeben sind. Die sehr dünnen Wände der Zotten bilden die Plazentaschranke. Sie trennen das Blut der Mutter vom Blut des Fetus, sodass es nicht zu einer Durchmischung kommt. Die Zotten ragen in kleine Hohlräume der Plazenta, die mit mütterlichem Blut gefüllt sind. Das Blut in den fetalen Zotten wird darin vom mütterlichen Blut umspült. Vitamine und bestimmte andere Stoffe werden durch spezielle Transportvorgänge in das Blut des Fetus übertragen. Andere Stoffe treten entsprechend ihres Konzentrationsgefälles durch die Plazentaschranke von einem Kompartiment in das andere über: Wasser, Sauerstoff und Nährstoffe gelangen in das Blut des Fetus. Kohlenstoffdioxid, Harnstoff und andere Stoffwechselprodukte treten durch die Plazentaschranke in das Blut der Mutter über. Manche Krankheitserreger, Alkohol, Medikamente oder Drogen können die Plazenta ebenfalls passieren und so in den Blutkreislauf des Fetus gelangen.

4.

a) Individuelle Lösung.
b) Individuelle Lösung.

5.

Individuelle Lösung, darin z. B. zum Thema "Hormonelle Regulation im weiblichen Zyklus":

Fortpflanzung und Entwicklung: Durch Fortpflanzung vermehren sich Lebewesen und dadurch wird ihr Fortbestand gesichert. Durch hormonelle Regulation im weiblichen Zyklus kommt es dazu, dass immer wieder neue befruchtungsfähige Eizellen bereitstehen, eine Grundlage für die Entstehung neuen Lebens.

Steuerung und Regelung: Durch hormonelle Regulation im weiblichen Zyklus kommt es dazu, dass in nahezu regelmäßigen Abständen immer wieder neue befruchtungsfähige Eizellen bereitstehen und dass die Gebärmutterschleimhaut zum richtigen Zeitpunkt in dem Zustand ist, dass sich ein Bläschenkeim einnisten kann. Sie führt auch dazu, dass die Gebärmutterschleimhaut wieder abgebaut und abgestoßen wird, falls die Eizelle nicht befruchtet wird.

Information und Kommunikation: Auch innerhalb eines Organismus werden Informationen ausgetauscht und weitergegeben. Bei der hormonellen Regulation besteht die Information in den Mengenverhältnissen der Hormone. Bei einem bestimmten Verhältnis von FSH (Follikel stimulierendes Hormon) und LH (luteinisierendes Hormon) kommt es zum Eisprung.

Struktur und Funktion: Mit ihrem Bau sind Lebewesen und ihre Organe an bestimmte Funktionen angepasst. Die Hirnanhangdrüse (Hypophyse) produziert Hormone und gibt sie in den Körper ab. Im weiblichen Zyklus gibt sie zunächst FSH und später auch LH ab.

6 Bedeutung des Zellkerns und Zellvermehrung (Mitose)

6.1 Bedeutung des Zellkerns

Größe des Zellkerns	**1.** Abb. 1, 2
Versuche an Krallenfröschen	**2.** Abb. 4
Versuche mit Acetabularia	**3.** Abb. 5
Bedeutung des Zellkerns bei der Entstehung eineiiger Zwillingen	**4.** Abb. 3, 6

1.
Bei einem Zellkerndurchmesser von 10 cm müsste der Mensch 1,944 km groß sein.

2.
In Teilversuch a wurde ein unbefruchtetes Froschei mit ultravioletter Strahlung bestrahlt. Dadurch wurde der Zellkern zerstört und das Ei stirbt ab, da die Erbinformation zerstört ist (gespeichert im Zellkern). In Teilversuch b wurde wie in a verfahren. Des Weiteren wurden einer Kaulquappe Darmzellen entnommen und aus diesen ein Zellkern isoliert. Dieser wurde in das kernlose Ei transplantiert. Dieses präparierte Ei entwickelte sich normal zu einer Kaulquappe und weiter zu einem Frosch. Durch die Übertragung des Zellkerns war die Erbinformation wieder vorhanden und die Zelle entwickelte sich normal. Möglich ist dies, weil alle Zellkerne eines Lebewesens die gleiche Erbinformation besitzen, unabhängig davon, ob der Zellkern (wie in diesem Fall) aus Darmwandzellen gewonnen wurde.

3.
Experiment a: Eine junge, einzellige Alge wurde bevor sie einen Schirm ausgebildet hatte in drei Teile geschnitten: „Wurzelregion", Stiel und Schirmregion. Aus der „Wurzelregion" entwickelte sich eine vollständige neue Alge mit Schirm; der Stiel wuchs nicht weiter und aus der Schirmregion entwickelte sich ein Schirm.
Experiment b: Nach Überführung des Zellkerns aus der „Wurzelregion" in den Stiel entwickelte sich auch aus diesem eine vollständige Alge mit Schirm, Stiel und „Wurzelregion".
Die Experimente zeigen, dass der Zellkern notwendig ist, um die Regeneration einer vollständigen Alge zu ermöglichen. Experiment a zeigt außerdem, dass die Information zur Ausbildung eines Schirmes bereits im oberen Teil des Stiels einer jungen Alge vorhanden ist, bevor der Schirm ausgebildet wird.

4.
Hier liegt der Regelfall vor, dass in einem Zyklus nur ein Follikel ausgereift ist. Die Eizelle wird von einem Spermium befruchtet. Aus der befruchteten Eizelle entstehen zwei identische Tochterzellen. Entgegen dem Regelfall (anschließendes 4-Zellen-Stadium) lösen sich die identischen Tochterzellen voneinander. Beide enthalten in ihrem Zellkern genau dieselbe Erbinformation. Sie sind erbgleich. Aus jeder dieser beiden Tochterzellen entwickelt sich nach Durchlaufen der verschiedenen Teilungsstadien ein Bläschenkeim. Die Bläschenkeime nisten sich in der vorbereiteten Gebärmutterschleimhaut ein und es entwickeln sich zwei Embryonen bzw. Feten mit einem jeweils identischen Genom in einer gemeinsamen Fruchtblase und mit einer gemeinsamen Plazenta.

6.2 Kerntransfer als Grundprinzip des technischen Klonens

Klonen durch Kerntransfer - Schaf „Dolly“	Abb. 1, Grundwissen
Klonen von Pflanzen	**1.** Abb. 3
Klonen zum Erhalt von bedrohten Tierarten?	**2.** Abb. 2
Klonen durch Embryosplitting	**3.** Abb. 4

1.

Klonen einer Pflanze: Ein keimfreies Blattteil wird auf einen Nährboden in einer Petrischale gebracht. Auf dem Nährboden entwickelt das Blattteil einen Komplex undifferenzierter Zellen, einen Kallus. Die Kalluszellen werden auf einen neuen Nährboden gebracht. Sie vermehren sich durch Teilung und können direkt auf einen Nährboden mit Pflanzenhormonen überführt werden. Werden die Kalluszellen in ein flüssiges Nährmedium gebracht, können die Zellen getrennt voneinander einzeln kultiviert werden. Kalluszellen aus dieser Suspension können ebenfalls auf einen Nährboden in einer Petrischale mit Pflanzenhormonen überführt werden. Dort wächst eine neue Pflanze heran, die genetisch mit der Ausgangspflanze identisch ist.

Beim Klonen von Tieren ist es notwendig, dass das neue Individuum die Entwicklungsstadien beginnend von der befruchteten Eizelle durchläuft. Deshalb wird der Kern einer Körperzelle in eine kernlose Eizelle transferiert, diese weiter kultiviert und der entstehende Embryo in ein weibliches Tier übertragen, in dem der Klon bis zur Geburt heranwächst. Das Klonen von Pflanzen ist einfacher als das Klonen von Tieren. Pflanzenzellen können sich auf einem Nährboden in Kalluszellen umwandeln. Aus diesen können neue Pflanzen heranwachsen, sofern die passenden Pflanzenhormone vorhanden sind. Das Klonen von Pflanzen entspricht damit der ungeschlechtlichen Vermehrung von Pflanzen.

2.

Bedrohte Tierarten sind dadurch gekennzeichnet, dass nur noch sehr wenige Individuen der Art existieren. Möglicherweise ist auch die Fortpflanzung unter diesen Individuen eingeschränkt, sodass mit Nachkommen kaum zu rechnen ist.

Es besteht die Idee, die vorhandenen Individuen zu klonen und damit die Individuenzahlen schneller, als es auf natürlichem Weg möglich wäre, zu erhöhen. Dazu müsste man den Weibchen der bedrohten Tierart Eizellen entnehmen, den Zellkern daraus entfernen und jeweils einen Zellkern aus einer Körperzelle eines weiblichen oder männlichen Tieres der bedrohten Art in die Eizellen einbringen, sodass weibliche und männliche Nachkommen entstehen. Die entstehenden Embryonen könnten weiblichen Tieren einer nahe verwandten Art eingesetzt werden und in deren Gebärmutter zum Fetus heranwachsen. Die Jungtiere würden geboren und aufgezogen. Die erwachsenen Klontiere könnten sich dann normal geschlechtlich weiter vermehren und vielleicht den Bestand der Art sichern. Nach bisherigen Erfahrungen mit dem Klonen von Säugetieren muss man damit rechnen, dass die Klontiere vorzeitige Alterserscheinungen zeigen.

3.

Beim Klonen durch Embryosplitting wird einer Kuh ein Embryo im 16-Zellstadium entnommen. Dieser Embryo wird in zwei Teile geteilt. Beide Embryonen erreichen wieder das 16-Zell-Stadium und werden in je ein weibliches Tier übertragen. Genetisch identische Zwillinge werden geboren.

Das Embryosplitting beginnt mit einem Embryo im 16-Zell-Stadium. Die genetische Information in jedem Zellkern dieses Embryos entspricht dem Genom der befruchteten Eizelle. Auch das Zellplasma jeder Zelle geht auf die ursprüngliche befruchtete

Eizelle zurück - nicht wie beim Kerntransfer am Beispiel „Dolly" auf eine von einem anderen Tier stammende unbefruchtete Eizelle. Alle Faktoren entsprechen einer natürlichen Zwillingsschwangerschaft. Das gilt auch für das weitere Embryonenwachstum in fremden Muttertieren bis zur Geburt. Vermutlich ist der Alterungsprozess bei den genetisch identischen Zwillingen genauso, als wenn sie zusammen in ihrem eigentlichen Muttertier herangewachsen wären.

6.3 Chromosomen und ihre Funktion

Bau und Anzahl der Chromosomen	Abb. 1, 3
Glossar zu Chromosomen und Zellzyklus	**1.**
Karyogramm	**2.** Abb. 4, 5
Phasendauer im Zellzyklus verschiedener Zelltypen	**3.** Abb. 2

1.

haploid: Eizellen und Spermiumzellen haben von jedem Chromosomenpaar entweder nur das Chromosom von der Mutter oder das vom Vater. Sie haben nur einen einfachen, haploiden Chromosomensatz.
diploid: Körperzellen haben einen doppelten, diploiden Chromosomensatz.
Autosom: Der Mensch besitzt in jeder Körperzelle 46 Chromosomen. Davon sind 22 je zwei Mal vorhanden. Sie heißen Autosomen.
Gonosom: Gonosomen sind die beiden Chromosomen, die das Geschlecht des Menschen bestimmen.
Zellzyklus: So wird die kontrollierte Abfolge der Schritte in der Zeit zwischen zwei Zellteilungen bezeichnet. Ein Zellzyklus besteht aus Interphase, Mitose und Zellteilung.

2.

a) Zuordnungen:

1 – W	7 – U	13 – I	19 – M
2 – T	8 – Q	14 – P	20 – B
3 – O	9 – S	15 – V	21 – E
4 – J	10 – F	16 – R	22 – N
5 – H	11 – A	17 – G	23 – K
6 – D	12 – C	18 – L	

Die Überprüfung auf Vollständigkeit zeigt, dass ein vollständiger Chromosomensatz vorliegt, da sich die jeweils homologen Autosomen und Gonosomen paarweise vollständig zuordnen lassen. Zusammen sind es 46 Chromosomen, wie in jeder Körperzelle eines Menschen. An Position 23 ergibt sich das Gonosomenpaar XY. Es wurde ein männliches Individuum untersucht.
b) Karyogramm nennt man die übersichtlich geordnete Darstellung eines Chromosomensatzes. Karyogramme werden erstellt, indem die Chromosomen mit verschiedenen Färbemethoden angefärbt werden. Dann werden sie fotografiert, ausgeschnitten und nach Form und Größe in ein standardisiertes Schema sortiert, wobei die jeweils gleichen Chromosomen nebeneinander liegen. Karyogramme sind wichtig für die genetische Beratung.

3.

Die Tabelle macht deutlich, dass die Phasendauer der Verdopplung der Chromosomen - also die Bildung der Zwei-Chromatid-Chromosomen aus den Ein-Chomatid-Chomosomen - und der Mitose bei allen Zelltypen gleich ist. Unterschiedlich ist die Dauer der Interphase. In der Interphase wächst die Zelle und nimmt ihre Stoffwechselfunktion wahr. Die unterschiedliche Dauer der Interphase steht im Zusammenhang mit den unterschiedlichen Funktionen der Zelltypen.
Hinweis: Zur Verdopplung der Chromosomen in der Interphase s. Kapitel 6.4.

6.4 Mitose – erbgleiche Zellteilung

Wachstum durch Zellteilung	
Ablauf der Mitose	**1., 2., 4.** Abb. 1, 3, 4
Modell zur Mitose	**3.** Abb. 2
Unterschiede im Gehalt an Erbinformation	**5.**

1.
Individuelle Lösung.

2.
c: Interphase – vor einer Mitose
d: Prophase – Beginn der Mitose, Membran des Zellkerns ist aufgelöst
b: Metaphase – Zwei-Chromatid-Chromosomen sind sichtbar und in der Zellmitte in einer Ebene angeordnet
f, a: Anaphase – Zwei-Chromatid-Chromosomen- werden getrennt und durch Spindelfasern jeweils zu den Polen gezogen
e: Telophase – Ausbildung neuer Kernmembranen, Chromosomen verlieren aufgerollte Struktur, zwei Zellen sind durch erbgleiche Teilung entstanden, wobei die Aufteilung des Zellplasmas noch nicht ganz beendet ist

3.
Individuelle Lösung, orientiert an den Abbildungen 1 und 2.

4.
Fehler: „ In der Mitose verdoppeln sich die Chromosomen in der Prophase."
Korrektur: Während einer bestimmten Zeit in der Interphase bilden sich die Zwei-Chromatid-Chromosomen.
Fehler: „Die neu entstandenen Chromosomen wandern in der Metaphase in die eine Tochterzelle, die bisherigen Chromosomen in die andere Tochterzelle. Dies wird durch die Centromere gesteuert, wobei die Spindelfasern den Transport übernehmen."
Korrektur: In der Metaphase sind die Chromosomen in der Zellmitte in einer Ebene angeordnet und am Centromer mit den Spindelfasern verbunden. In der Anaphase werden die Zwei-Chromatid-Chromosomen getrennt. Je eines der beiden identischen Chromatide wandert nun mithilfe der Spindelfasern zu einem Pol.
Fehler: „In der Anaphase bilden sich dann die neuen Zellkerne aus. Dabei wird um die Chromosomenpakete eine Membran erstellt".
Korrektur: In der Telophase wird an jedem Pol eine neue Kernmembran gebildet, die die Chromosomen umschließt.
Fehler: „Die vollständige Trennung der Zellen erfolgt dann in der Telephase, indem eine Zwischenmembran gebildet wird".
Korrektur: Die vollständige Trennung der Tochterzellen durch die Ausbildung durch Membranen erfolgt in der Telophase.

5.
Die Zellen befinden sich in der frühen Interphase, weit vor der Mitose. Ihre Chromosomen liegen noch als Ein-Chromatid-Chromosomen vor, während in anderen Zellen des Gewebes bereits Zwei-Chromatid-Chromosomen gebildet wurden.

7 Gene - Genprodukte - Merkmale

7.1 Gen – Genprodukt – Ausprägung von Merkmalen

Genwirkketten	**1.** Abb. 1
Erforschung einer Genwirkkette	**3.** Abb. 3
Aussagen über Genwirkketten	**2.** Abb. 2

1.

a) Die Genwirkkette für die Blütenfarbe der Gauklerblume besteht aus drei Genen und deren Genprodukten: Gen 1 enthält die Information für das Enzym 1, welches den Ausgangsstoff in das Zwischenprodukt 1 umwandelt. Gen 2 enthält die Information für das Enzym 2, das das Zwischenprodukt 1 in das Zwischenprodukt 2 (Blütenfarbstoff gelb) umwandelt. Im letzten Schritt dieser Genwirkkette wandelt Enzym 3 als Genprodukt von Gen 3 das Zwischenprodukt 2 in den Blütenfarbstoff Rot um.
b) Bei einer Funktionslosigkeit von Gen 3 wird das Enzym 3 nicht gebildet. Die Genwirkkette läuft nur bis zur Produktion des Farbstoffes Gelb ungestört ab. Die Blütenfarbe wäre dann gelb.
Hinweis zum Begriff „Zwischenprodukt“: Es besteht hier eine Verwechslungsgefahr. Ein Gen enthält die Information zum Bau des Genproduktes. Das sind in diesem Fall die Enzyme. Mit dem hier verwendeten Begriff „Zwischenprodukt“ bezieht sich der Autor auf Merkmale.

2.

A: Der letzte Satz ist falsch, es muss heißen: Jedem Merkmal können ein oder mehrere Gene zugeordnet werden, [...]
B: Die Aussage ist falsch. Es kommt nicht darauf an, welche Merkmale bei den „Elternteilen“ ausgebildet sind, sondern welche Gene zufällig vererbt wurden. Daraus resultiert dann die Merkmalsausbildung.
C: Fehlt ein Gen einer Genwirkkette, so bleibt die Synthese eines Stoffes an dieser Stelle stehen. Die Zuordnung von weiß zu „keiner Blütenfarbe“ ist falsch. Die Farbe des betreffenden Zwischenproduktes, das als letztes gebildet wird, ist dann die Blütenfarbe der Blüte.
D: Rot ist nicht das Genprodukt. Genprodukte sind die jeweils gebildeten Proteine, die in diesem Beispiel Enzyme sind. Rot ist das sichtbare Merkmal, das aus der Genwirkkette resultiert. Die Ausführungen zur Züchtung sind falsch. Der Züchtungsbegriff ist hier nicht definiert und daher so nicht anwendbar. Außerdem werden nicht zwangsläufig die ganzen Genwirkketten von einer Pflanze vererbt.
E: Die Äußerungen sind völlig unwissenschaftlich. Eine Pflanze „merkt" nicht, ob sie bestäubt wird oder nicht, sie trifft auch keine Entscheidungen und kann sich auch keine Blütenfarbe aussuchen.
F: Die Äußerung ist für die Merkmale „Rot“ und „Gelb“ richtig und lässt sich als Hypothese erweitern.

3.

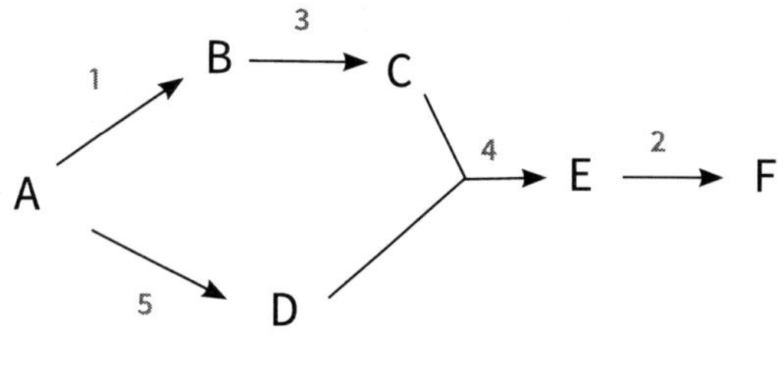

7.2 Die Hautfarbe – ein Beispiel für ein polygen bedingtes Merkmal

Verschiedene Hautfarben	**1.** Abb. 1, 2
Modell zur Polygenie	**2.** Abb. 3, 4, 5
Genorte	**3.**

1.

a) Es handelt sich um zweieiige Zwillinge, dadurch ist ein unterschiedliches Geschlecht der Zwillinge möglich.

b) Die Erwartung wäre, dass die Kinder eine „Zwischenhautfarbe" der Eltern haben. Durch die zufällige Verteilung der Chromosomen hat das Kind teils Erbinformation der Mutter und teils des Vaters.

c) Die Mutter muss trotz ihrer hellen Hautfarbe auch Allele für eine starke Pigmentierung besitzen, der Vater muss auch Allele für eine helle Hautfarbe haben. Bei dem Jungen wurden zufällig die Allele für eine starke Pigmentierung vererbt, bei dem Mädchen die Allele, die eine helle Hautfarbe zur Folge haben.

2.

a) Die Abbildung zeigt eine modellhafte Verteilung von Pigmentflecken pro Hautfläche. Allele, die zur Ausbildung eines Pigmentpunktes pro betrachteter Fläche führen, sind mit den kleinen Buchstaben a, b und c dargestellt. Allele, die durch dic Großbuchstaben A, B und C dargestellt sind, führen zu zwei Pigmentpunkten pro Fläche.
Bei der Bildung der Geschlechtszellen wird in der Abbildung von dem Beispiel einer Kombination abc in jeder der elterlichen Geschlechtszellen ausgegangen. Nach der Befruchtung enthält die Zygote den diploiden Chromosomensatz mit den Allelkombinationen aa, bb, cc. Damit ist genetisch festgelegt, dass die Anzahl der Pigmentpunkte pro Hautfläche 6 beträgt. Das ist in diesem Modell die kleinstmögliche Anzahl an Pigmentpunkten pro Hautfläche, sodass eine helle Hautfarbe das erblich bedingte Merkmal sein wird.

b) Es gibt die folgenden möglichen Allelkombinationen in den Geschlechtszellen:
ABC, ABc, AbC, Abc, aBC, aBc, abC, abc.

c) *mittlere Hautfarbe:*

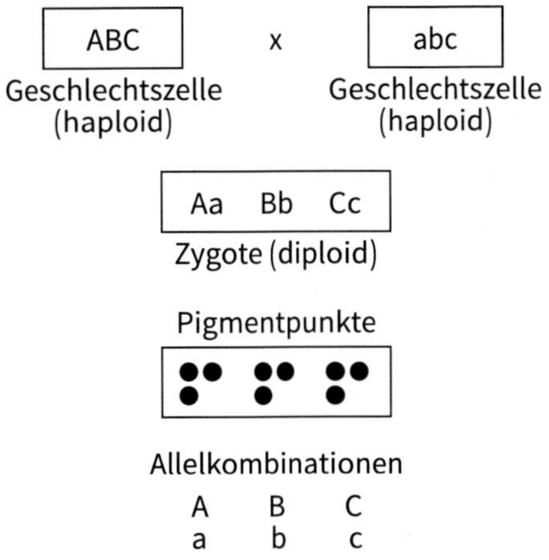

sehr dunkle Hautfarbe:

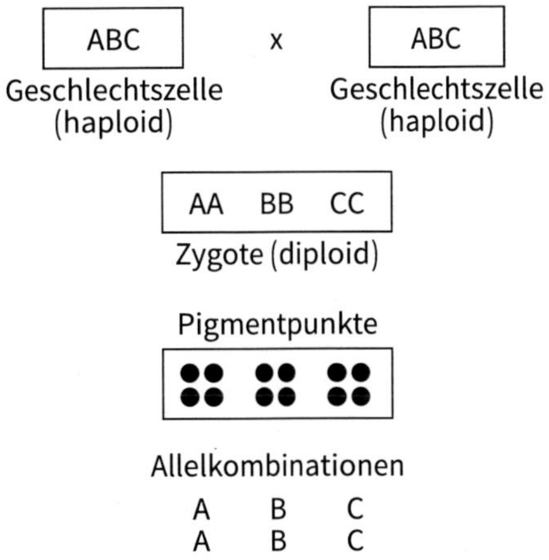

3.

Bei der Polygenie gibt es mehrere Allelpaare, die aber für dasselbe Merkmal codieren, zum Beispiel die Hautfarbe. Die Gene liegen auf verschiedenen Chromosomen. Befänden sich mehrere Gene für die Hautfarbe auf nur einem Chromosom, würden diese gekoppelt vererbt. Dadurch wäre die große Variationsbreite der Hautfarben nicht möglich.

7.3 Genanalyse

Beispiele für genetisch bedingte Krankheiten	Abb. 1
Genomforschung, Persönlichkeit und Menschenwürde	**1.** Abb. 2
Problemfelder der Genanalyse	**3.**
Recht auf Wissen und Nichtwissen	**2.** Abb. 3–5

1.

Das neue Wissen um genetische Faktoren für Krankheiten erfordert einen besonders verantwortungsvollen Umgang: Die Persönlichkeit eines Menschen darf nicht auf seine genetischen Merkmale reduziert werden. Auch sollte jedem Menschen die Möglichkeit freistehen, neues Wissen um seine krankheitsrelevanten Merkmale zu erlangen oder auch darauf zu verzichten. Bei allen Überlegungen zu den Möglichkeiten der Genanalyse muss die Würde und Freiheit des Menschen absoluten Vorrang vor jedem wissenschaftlichen Fortschritt haben.

2.

- Gibt es eine Therapie bei der Krankheit?
- Wie sind der Krankheitsverlauf und die Lebenserwartung?
- Wann tritt die Krankheit voraussichtlich auf?
- Tritt die Krankheit mit 100%iger Sicherheit auf?
- Wie hoch ist die Wahrscheinlichkeit, dass ein eigenes Kind die Krankheit erbt?
- Sind frühzeitige Untersuchungen zum Erkennen der ausgebrochenen Krankheit für die Therapie hilfreich?
- Wie sehr ändert (bei Brustkrebs) die genetische Belastung das Risiko zu erkranken gegenüber dem normalen Risiko für die Gesamtbevölkerung?

3.

So erfreulich und erleichternd ein normales Resultat für die zukünftigen Eltern ist, so belastend ist die Erkennung eines genetischen Defektes. Neben der Entscheidung für ein behindertes Kind wird bei einem bereits schwangeren Paar möglicherweise der Gedanke an einen Schwangerschaftsabbruch aufkeimen, denn heute steht noch für die wenigsten genetisch bedingten Erkrankungen eine Therapie zur Verfügung. Für viele stürzt die Welt ein, wenn sie das Ergebnis des Gentests bekommen. Sie wissen, sie tragen das defekte Gen weiter. Das bedeutet, auch die Zukunft ganz neu zu planen. Der Traum von Kindern ist möglicherweise für sie ausgeträumt. Betroffene Pare wollen die Verantwortung nicht übernehmen, dass ihre Kinder erkranken und mit dem Alpdruck leben müssen. Gentest ja oder nein, diese Entscheidung kann das ganze Leben verändern. Es ist nicht leicht, sein genetisches Schicksal zu kennen, aber nichts dagegen tun zu können. Andererseits kann man sich mit dem Wissen um eine mögliche Erkrankung mit der Krankheit beschäftigen, sich gewissermaßen auf sie einstellen und regelmäßig Vorsorgeuntersuchungen durchführen. Oft sind bei frühzeitiger Erkennung einer Krankheit auch die Therapieaussichten besser.
Das Interesse eines Arbeitgebers an einer solchen Genanalyse besteht insbesondere darin, mittels genetischer Erkenntnisse die körperliche, gesundheitliche oder psychische Belastbarkeit eines Arbeitnehmers oder entsprechende Defekte, Veranlagungen oder Gefahren zu erkennen. Ergebnisse der Genanalyse werden zum Bewerbungskriterium. Der Mensch wird gläsern. Menschen mit genetischer Vorbelastung würden durch Krankenkassen von vornherein, auch ohne krank zu sein, benachteiligt und zusätzlich belastet. Aus dieser Sicht ergeben sich für den Arbeitnehmer bzw. Versicherungsnehmer überwiegend Nachteile.

8 Vererbung: Meiose und Weitergabe von Genen

8.1 Meiose – Bildung der Geschlechtszellen

Ablauf der Meiose	**1.** Abb. 1
Vergleich von Mitose und Meiose	**2., 3.** Abb. 1
Bedeutung der Zellteilung	**4., 5.** Abb. 1, 2

1.
Individuelle Lösung.

2.
A Mitose
B Meiose [aber auch Mitose (Zwei-Chromatid-Chromosom → Ein-Chromatid-Chromosom)]
C Meiose
D Mitose/Meiose
E Mitose/Meiose
F Meiose
G Meiose
H Mitose/Meiose
I Meiose
J Mitose/Meiose
K Mitose/Meiose

3.

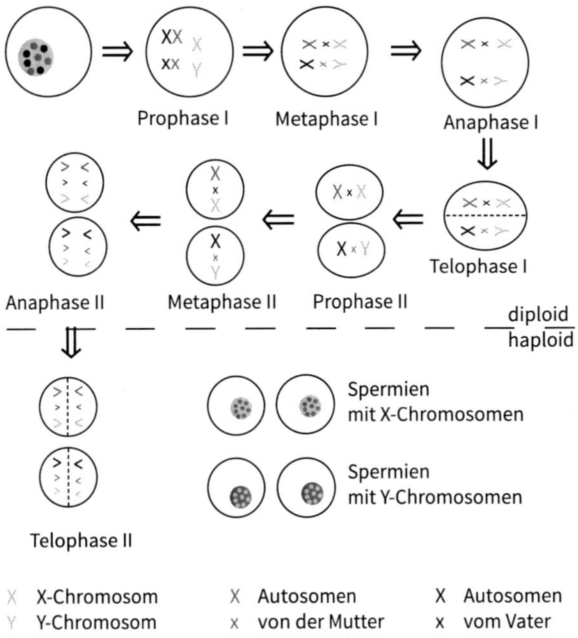

4.
In den Geschlechtsorganen werden durch Meiose die Geschlechtszellen (1, 2, 3) gebildet. Durch die Befruchtung entstehen die diploiden Zygoten (4, 5), aus denen sich durch Mitose die diploiden Körperzellen (6, 7) bilden.
1, 2, 3 haploid
4, 5 diploid
6, 7 diploid

5.
Die Entscheidung „fällt" bereits in der Phase Meiose I, da dort die Zwei-Chromatid-Chromosomen in zwei Ein-Chromatid-Chromosomen getrennt werden.

8.2 Genetische Vielfalt durch Neukombination in der Meiose

Menschen sind unterschiedlich	Abb. 1	Familie Kurze	**2.** Abb. 1
Berechnung der Kombinationsmöglichkeiten	**1.** Abb. 2	Chromosomenvergleich bei Zwillingen	**3.**

1.

Zahl der Kombinationsmöglichkeiten:

Regenwurm:	y = 16 → x = 65536
Stechmücke:	y = 3 → x = 8
Karpfen:	y = 52 → x = $4{,}5 * 10^{15}$
Rind:	y = 30 → x = 1073741824
Erbse:	y = 7 → x = 128
(Mensch:	y = 23 → x = 8388608)

2.

Individuelle Lösungen.

a) Mögliche Chromosomen für ein weiteres Kind

3.

Eineiige Zwillinge haben identische Chromosomenkombinationen, da sie aus einer befruchteten Eizelle hervorgegangen sind.
Zweieiige Zwillinge haben wie sonstige Geschwister unterschiedliche Chromosomenkombinationen, da sie aus zwei unabhängig voneinander befruchteten Eizellen hervorgegangen sind. Sowohl die Kombination von der Mutter als auch vom Vater sind bei beiden unterschiedlich. Einzelne Chromosomen, die gleich sind, haben sie beide nur zufällig.
Geschwister haben generell unterschiedliche Kombinationen; mit einer sehr, sehr geringen Wahrscheinlichkeit könnten auch sie identisch sein, doch liegt diese Wahrscheinlichkeit dicht bei 0.

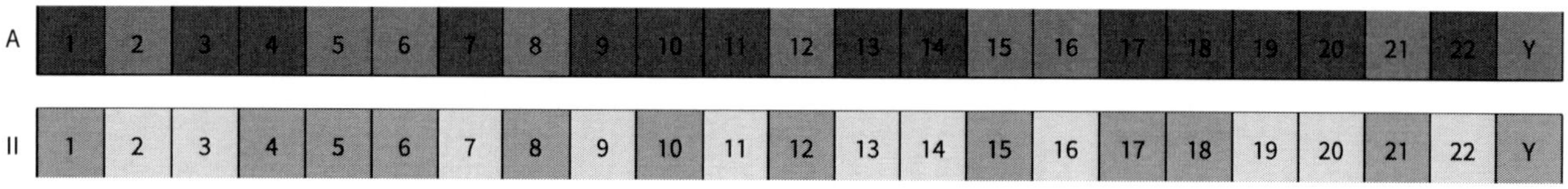

b) Mögliche Eizellen von Isabel

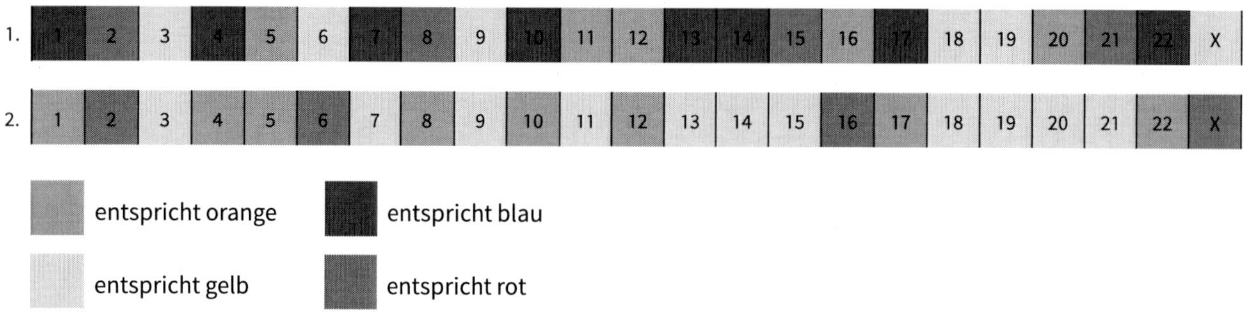

8.3 Zeitlicher Verlauf der Meiose bei der Frau

Bildung einer befruchtungsfähigen Eizelle	Grundwissen
Meiose bei der Frau	**1.** Abb. 2
Menopause	**2.** Abb. 3

1.

Die weibliche Meiose beginnt bereits im Embryo. Alle Vorläuferzellen der späteren Eizellen sind bereits vor der Geburt angelegt. Die ersten Meiosestadien dieser Zellen werden vom 3. bis zum 7. Monat der Embryonalzeit ausgebildet. Die Zellen bleiben in einem späten Stadium der Prophase I. Bis zum 9. Monat lockern sich die vorher kompakt angeordneten Chromosomen und es bildet sich eine Kernmembran. Bei der Geburt befinden sich 500 000 bis zwei Millionen Eizellen in den Eierstöcken. Sie sind von Follikeln umgeben. Mit Eintritt der Geschlechtsreife entwickelt sich unter dem Einfluss von Hypophysenhormonen monatlich in jedem Zyklus eine der Eizellen bis zum Stadium der Metaphase II weiter. Die Zelle hat sich in eine plasmareiche zukünftige Eizelle und in ein Polkörperchen geteilt. Während des Eisprungs platzt der Follikel an der Oberfläche des Eierstocks, wodurch die Eizelle und das Polkörperchen in den Eileiter abgegeben werden. Wird die Eizelle befruchtet, vollendet sie die Meiose II, die fertige Eizelle und ein weiteres Polkörperchen entstehen. Durch Verschmelzung mit einem Spermium entsteht die Zygote mit dem diploiden Chromosomensatz. Die entstandenen Polkörperchen werden abgebaut.

2.

Der heranreifende Follikel bildet Östrogene, die das Heranwachsen der Gebärmutterschleimhaut bewirken. Durch Platzen des Follikels kommt es zum Eisprung. Der Rest des Follikels bildet sich zum Gelbkörper um. Der Gelbkörper produziert das Hormon Progesteron, das die Einnistung einer befruchteten Eizelle vorbereitet. Abbildung 3 zeigt die relativen Konzentrationen von Östrogen und Progesteron im Blut über einen Zeitraum von 45 bis 60 Lebensjahren. In der Zeit vor der Menopause (45 – 50 Lebensjahre) bleibt der Östrogenspiegel relativ hoch. Das Heranwachsen der Gebärmutterschleimhaut ist gewährleistet. Im gleichen Zeitraum sinkt jedoch der Progesteronspiegel im Blut deutlich. Die Fähigkeit zum Heranreifen der Eizelle und die Auslösung eines Eisprungs nehmen ab. Durch das Fehlen von Gelbkörpern sinkt die Progesteronproduktion und die Vorbereitung der Einnistung einer befruchteten Eizelle nimmt ebenfalls entsprechend ab. Bei Eintritt der Menopause (50 – 55 Lebensjahre) sinkt die Östrogenkonzentration etwa in der Mitte dieser Phase sehr stark. Offenbar wachsen jetzt keine Östrogen produzierenden Follikel mehr heran. Die Gebärmutterschleimhaut wächst nicht mehr heran, ein Eisprung kann nicht mehr stattfinden, die Progesteronkonzentration bleibt niedrig, eine Regelblutung unterbleibt.

8.4 Trisomie 21 – eine Chromosomenfehlverteilung

Finn - ein Kind mit Trisomie 21	Abb. 1	
Nicht-Trennung der Chromosomen bei der Meiose als Ursache der Trisomie 21	**1.** Abb. 2, 4	
Vorgeburtliche Diagnostik: Amniozentese	**2.** Abb. 3	
Ethische Problemstellungen: Vier Positionen zur Abtreibung	**3.**	
Mögliche Zusammenhänge mit dem Alter der Mutter	**4.** Abb. 5	

1.

Die Bildung der Eizellen beginnt im Eierstock des weiblichen Fetus. Bis zur Geburt erfolgt nur der erste Teil der Meiose. Man spricht von der Paarung der homologen Zwei-Chromatid-Chromosomen. Die Meiose wird dann unterbrochen und erst mit Beginn des Menstruationszyklus fortgesetzt.
Nach dieser zeitlichen Pause trennen sich die homologen Zwei-Chromatid-Chromosomen. Sie werden im Normalfall so auf die Tochterzellen verteilt, dass von jedem Paar Zwei-Chromatid-Chromosomen ein Exemplar in jeder Tochterzelle vorliegt. Im Fall der Trisomie 21 unterbleibt diese Trennung an Position Nr. 21.
Als Folge haben alle haploiden Eizellen an Position 21 eine abweichende Anzahl von Chromosomen (2x oder 0x statt lx). Wird eine Eizelle mit dem durch Nichttrennung zusätzlich vorhandenem Chromosom 21 befruchtet, liegt die Trisomie 21 vor (Chromosom 21 ist 3x vorhanden).

2.

Bei der Amniozentese erfolgt in der 13. oder 14. Schwangerschaftswoche die Entnahme von Fruchtwasser aus der Gebärmutter. Dazu wird mit einer Kanüle die Bauch- und die Gebärmutterwand durchstochen. In dem Fruchtwasser befinden sich Zellen, die sich vom Fetus abgelöst haben. Durch eine Zentrifugation lassen sich die Zellen von dem Fruchtwasser trennen. Das Fruchtwasser kann mit verschiedenen biochemischen Tests weiter untersucht werden. Bis zur Erstellung eines Karyogramms vergehen noch zwei bis drei Wochen. In dieser Zeit vermehren sich die Zellen in Zellkulturen. Das fertige Karyogramm zeigt in der Abbildung keine Abweichungen. Es handelt sich um einen Jungen ohne Trisomien.

3.

Position 1: Ich will nichts wissen und werde keine Amniozentese machen lassen. Zu dieser Aussage hat die Überlegung geführt, das Kind so zu akzeptieren, wie es zur Welt kommen wird. Eine Abtreibung kommt nicht in Frage, allerdings wird eine potentielle Dilemmasituation auch bewusst vermieden.
Position 2: Ich traue mir ein Leben mit einem behinderten Kind nicht zu und werde gegebenenfalls abtreiben. Die Schwangere sieht durch die Fortsetzung der Schwangerschaft ihre körperliche und seelische Gesundheit gefährdet.
Position 3: Ich will das Ergebnis wissen, werde aber nicht abtreiben, wenn eine Trisomie 21 vorliegt. Zu dieser Aussage hat die Überlegung geführt, das Kind so zu akzeptieren, wie es zur Welt kommen wird, sich im Falle einer Trisomie aber schon vor der Geburt auf die Behinderung des Kindes einstellen zu wollen. Eine Abtreibung kommt nicht in Frage. Im Unterschied zu Position 1 besteht aber hier der Wunsch nach einer frühen Absicherung über die Methode der Amniozentese.
Position 4: Ich weiß gar nicht, wie ich mich verhalten soll. Diese Schwangere befindet sich in einer Dilemmasituation. Es stehen sich die Handlungsmöglichkeiten so entgegen, dass jede Entscheidung zu einem nicht gewünschten Resultat führt. Möglicherweise führt jede denkbare Entscheidung zur Verletzung von Wertvorstellungen.

4.

Mit zunehmendem Alter der Mutter nimmt die Wahrscheinlichkeit einer Trisomie infolge der Nichttrennung homologer Zwei-Chromatid-Chromosomen zu. Dies geschieht, da mit steigendem Lebensalter die Zeit zunimmt, in der die Eizelle im Entwicklungsstadium der unterbrochenen Meiose bleibt. Auch andere Krankheiten und auch Gefahren für die Mutter werden begünstigt. Zudem sinkt die Fruchtbarkeit mit zunehmendem Alter, sodass die Erfüllung des Kinderwunsches womöglich ausbleibt.

8.5 Die Vererbung verläuft nach Regeln

Erbschema	Abb. 3
Uniformitätsregel	Abb. 1
Spaltungsregel	**1.** Abb. 2, 4
Phänotyp, Genotyp, Allele	**1.** Abb. 1, 2
Dominant-rezessiver Erbgang	**2., 3., 4.** Abb. 2, 3, 5

1.

a) Die mischerbige F_1-Generation trägt zwei verschiedene Allele für das Merkmal Samenfarbe: gelb (A) und grün (a). Bei der Kreuzung gibt jede Pflanze nur ein Allel weiter, es bilden sich so die Allelkombinationen AA, Aa und aa im Verhältnis 1:2:1 (Genotyp). Der Phänotyp wird durch das dominante Allel A bestimmt und es treten daher im Verhältnis 3:1 Pflanzen mit gelber (Genotyp AA oder Aa) und grüner Samenfarbe (Genotyp aa) auf.

b)

- Färbung der Samen: gelb = dominant, grün = rezessiv; Verhältnis der Phänotypen in der F_2-Generation gelb : grün = 3,01:1
- Gestalt der Samen: rund = dominant, runzelig = rezessiv; Verhältnis der Phänotypen in der F_2-Generation rund : runzelig = 2,96:1
- Gestalt der Hülse: einfach gewölbt = dominant, eingeschnürt = rezessiv; Verhältnis der Phänotypen in der F_2-Generation einfach gewölbt : eingeschnürt = 2,95 :1
- Färbung der Hülse: grün = dominant, gelb = rezessiv; Verhältnis der Phänotypen in der F_2-Generation grün : gelb = 2,82:1

In der F_1-Generation haben alle Nachkommen den gleichen Phänotyp, der durch das dominante Allel geprägt ist (Uniformitätsregel). In der F_2-Generation tauchen die beiden betrachteten Merkmale im Verhältnis von ca. 3:1 wieder auf (Spaltungsregel).

2.

F = Fellfarbe schwarz (dominant), f = Fellfarbe weiß (rezessiv)

F_1-Generation:

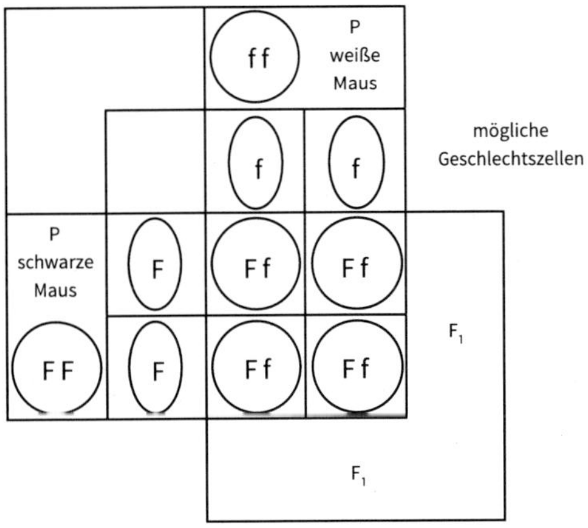

F_2-Generation:

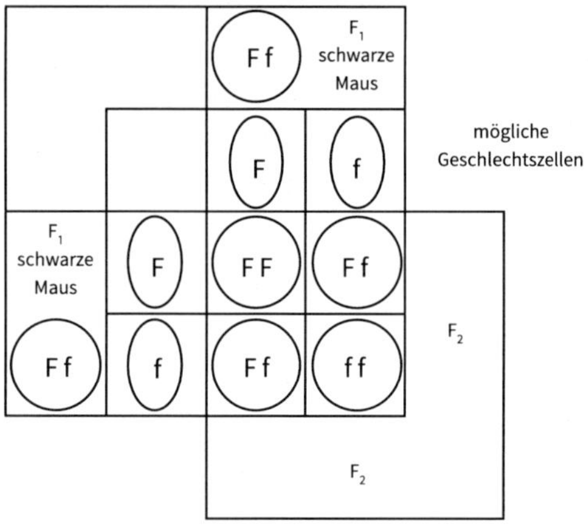

In der F_1-Generation sind alle Nachkommen gleich schwarz (entspricht Mendels Uniformitätsregel), der Phänotyp wird durch das dominante Allel (F) für schwarzes Fell bestimmt. Im Genotyp tragen aber alle Tiere der F_1-Generation auch das Allel für weißes Fell (f). In der F_2-Generation tauchen alle Genotyp-Variationen auf (FF, Ff, ff; Verhältnis 1:2:1) und schwarze und weiße Tiere treten im Verhältnis 3:1 auf (entspricht Mendels Spaltungsregel).

3.

a) Individuelle Lösung.

b) Bei der Meiose wird zufällig entschieden, welches Chromosom eines Chromosomenpaars auf welche Seite der Zelle gezogen wird, somit in welcher entstehenden Geschlechtszelle es enthalten ist. Genauso zufällig ist hier, ob die gezogene Münze Kopf oder Zahl zeigt. Nach der Befruchtung liegt jedes Chromosom wieder doppelt vor und die auf ihm liegenden Allele können gleich sein oder verschieden; entsprechend werden die Münzen hier zu Paaren zusammengelegt, die nun die verschiedenen Kombinationen aufzeigen (Kopf/Kopf, Kopf/Zahl, Zahl/Zahl).

4.

Der Maiskolben mit den gelben und blauen Körnern ist der F_2-Generation zuzuordnen. Nach Mendels Uniformitätsregel sind die Nachkommen zweier reinerbiger Pflanzen gleichförmig. Die erste Tochtergeneration bringt daher ausschließlich gelbe Maiskörner hervor. Erst in der zweiten Generation tauchen wieder beide Merkmale auf (Spaltungsregel). Reinerbig rezessive Maiskörner sind blau gefärbt. Dies entspricht etwa einem Viertel aller Körner im Maiskolben, das Allel für gelbe Färbung scheint also gegenüber dem Allel für blaue Färbung dominant zu sein (dominant-rezessiver Erbgang). Die Erbschemata dazu lauten (K = gelbe Körner (dominant), k = blaue Körner (rezessiv)):

F_1-Generation:

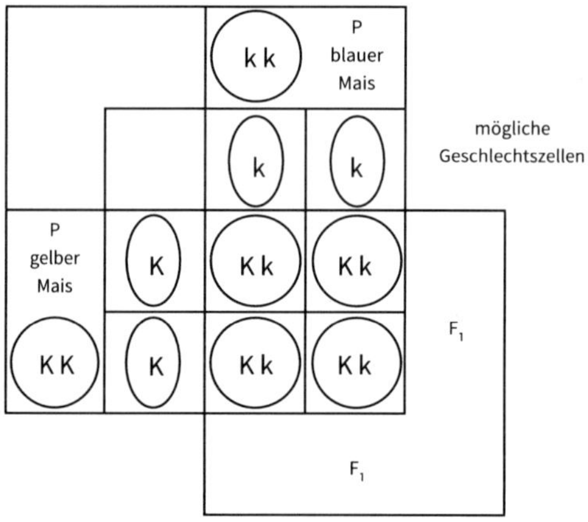

F_2-Generation:

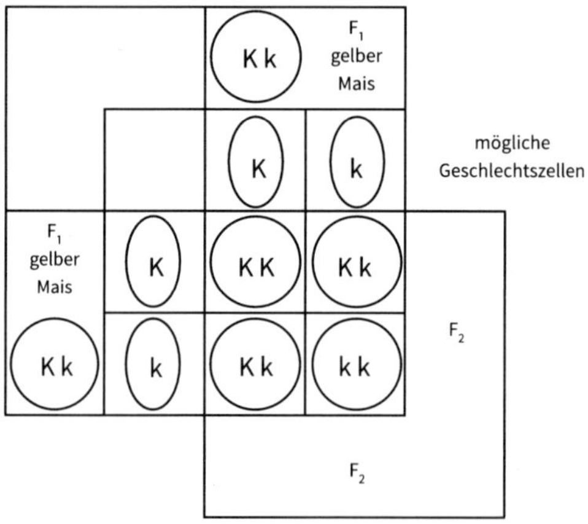

8.6 Neukombination der Gene führt zu Vielfalt

Mendels Untersuchungen zu Erbgängen mit 2 Merkmalspaaren	**3.** Abb. 5
Regel von der Neukombination	Abb. 1
Erklärung am Erbschema	**1.** Abb. 1
Beispiele für Erbgänge	**1., 2., 4.** Abb. 2-4, 6

1.

A = schwarze Farbe (dominant), a = rotbraune Farbe (rezessiv)
B = einfarbig (dominant), b = gefleckt (rezessiv)

Genotyp	Phänotyp
AABB	schwarz/einfarbig
AaBB	schwarz/einfarbig
AABb	schwarz/einfarbig
AaBb	schwarz/einfarbig
aaBB	rotbraun/einfarbig
aaBb	rotbraun/einfarbig
AAbb	schwarz/gefleckt
Aabb	schwarz/gefleckt
aabb	rotbraun/gefleckt

F₁ AaBb × F₁ AaBb	AB	aB	Ab	ab
AB	AABB	AaBB	AABb	AaBb
aB	AaBB	aaBB	AaBb	aaBb
Ab	AABb	AaBb	AAbb	Aabb
ab	AaBb	aaBb	Aabb	aabb

F_2

2.

F = braun (dominant), f = weiß (rezessiv)
H = kurzhaarig (dominant), h = langhaarig (rezessiv)

Genotypen der P-Generation:
FFHH, ffhh
Genotypen der F_1-Generation:
alle FfHh (entsprechend der Uniformitätsregel)
Genotypen der F_2-Generation:
FFHH, FfHH, ffHH, FFHh, FfHh, ffHh, FFhh, Ffhh, ffhh
(entsprechend der Spaltungsregel und der Regel von der Neukombination)
Phänotypen der F_2-Generation:
braun/kurzhaarig, braun/langhaarig, weiß/kurzhaarig, weiß/langhaarig;
Verhältnis 9 : 3 : 3 : 1

3.

G = gelber Samen (dominant), g = grüner Samen (rezessiv)
R = runde, glatte Form (dominant), r = runzelig (rezessiv)
H = grüne Hülse (dominant), h = gelbe Hülse (rezessiv)
F_1-Generation:

	P GGRRHH (gelb, rund, grüne Hülse): GRH	GRH
P ggrrhh (grün, runzelig, gelbe Hülse): grh	GgRrHh	GgRrHh
grh	GgRrHh	GgRrHh

F_1-Generation (gelb, rund, grüne Hülse)

Alle Samen der F_1 Generation haben den Genotyp GgRrHh und sind damit im Phänotyp gelb und rund. Aus ihnen wachsen Pflanzen, die grüne Hülsen ausbilden.

		F_1 (gelb, rund, grüne Hülse)							
		GRH	gRH	GrH	GRh	grH	gRh	Grh	grh
F_1: (gelb, rund, grüne Hülse)	GRH	GGRRHH	GgRRHH	GGRrHH	GGRRHh	GgRrHH	GgRRHh	GGRrHh	GgRrHh
	gRH	GgRRHH	ggRRHH	GgRrHH	GgRRhH	ggRrHH	ggRRHh	GgRrHh	ggRrHh
	GrH	GGRrHH	GgRrHH	GGrrHH	GGRrHh	GgrrHH	GgRrHh	GGrrHh	GgrrHh
	GRh	GGRRHh	GgRRHh	GGRrHh	GGRRhh	GgRrHh	GgRRhh	GGRrhh	GgRrhh
	grH	GgRrHH	ggRrHH	GgrrHH	GgRrHh	ggrrHH	ggRrHh	GgrrHh	ggrrHh
	gRh	GgRRHh	ggRRHh	GgRrHh	GgRRhh	ggRrHh	ggRRhh	GgRrhh	ggRrhh
	Grh	GGRrHh	GgRrHh	GGrrHh	GGRrhh	GgrrHh	GgRrhh	GGrrhh	Ggrrhh
	grh	GgRrHh	ggRrHh	GgrrHh	GgRrhh	ggrrHh	ggRrhh	Ggrrhh	ggrrhh

F_2-Generation:
Genotypen (Anzahl):
GGRRHH (1), GgRRHH (2), GGRrHH (2), GGRRHh (2), GgRrHH (4), GgRRHh (4), GGRrHh (4); GgRrHh (8), ggRRHH(1), ggRrHH (2), ggRRHh (2), ggRrHh (4), GGrrHH(1), GgrrHH (2), GGrrHh (2), GgrrHh (4), ggrrHH (1), ggrr(Hh) (2), ggHHrr (1), ggHhrr (2), GGhhrr (1), Gghhrr (2), gghhrr (1)
Phänotypen (Anzahl):
gelb/rund/grüne Hülse (27),
grün/rund/grüne Hülse (9),
gelb/runzelig/grüne Hülse (9),
gelb/rund/gelbe Hülse (9),
gelb/runzelig/gelbe Hülse (3),
grün/rund/gelbe Hülse (3),
grün/runzelig/grüne Hülse (3)
grün/runzelig/gelbe Hülse (1)

4.

Wenn die Panzerfarbe und die Augenfarbe unabhängige Merkmale wären, für deren Ausprägung es jeweils verschiedene Allele gibt, müssten irgendwann die Merkmalskombinationen weißer Panzer/grüne Augen und brauner Panzer/rote Augen auftreten. Da dies nicht der Fall ist, sind die Panzerfarbe und die Augenfarbe beim Krokodil offensichtlich durch Allele bestimmt, die auf einem Chromosom zusammen liegen, also immer aneinander gekoppelt sind. Mendels Regel der Neukombination gilt nur für voneinander unabhängig vererbte Allele.

8.7 Chromosomentheorie der Vererbung

–

8.8 Untersuchung von Familienstammbäumen

–

8.9 Rot-Grün-Sehschwäche

Farbwahrnehmung bei Rot-Grün-Sehschwäche	Abb. 1, 2
Stammbaum der Familie Scott	**1.** Abb. 4
Kreuzungsschema bei einem x-chromosomalen Erbgang	Abb. 3
Vergleich von gonosomalen Erbgängen	**2.** Abb. 5

1.

a) In der Familie ist die Rot-Grün-Sehschwäche weit verbreitet. Betroffen sind folgende Personen: der Vater von Mr. Scott, der Bruder von Mr. Scotts Mutter, Mr. Scott selbst, eine seiner beiden Schwestern, zwei Söhne dieser betroffenen Schwester. Damit tritt das Merkmal der Rot-Grün-Sehschwäche in jeder Generation des betrachteten Ausschnitts der Familie auf. Von den elf mit Mr. Scott leiblich verwandten Personen sind sechs Merkmalsträger. Dies weist auf eine genetisch bedingte Ursache dieser Sehschwäche hin.

b) Der betrachtete Ausschnitt des Stammbaums umfasst drei Generationen. Der Vater von Mr. Scott, der Merkmalsträger ist, die merkmalsfreie Mutter und deren Bruder, der ebenfalls das Merkmal der Rot-Grün-Sehschwäche aufweist. Mr. Scott, ein Merkmalsträger, und seine merkmalsfreie Frau haben einen Sohn und eine Tochter, die beide farbtüchtig sind. Mr. Scott hat noch zwei Schwestern, von denen eine Nichtmerkmalsträgerin ist. Die zweite Schwester weist, im Gegensatz zu ihrem Mann, das Merkmal auf. Dieses Paar hat drei Kinder. Während die beiden Söhne Merkmalsträger sind, ist die Tochter farbtüchtig.

c) Mögliche Begründung: In einer Generation treten mehrere merkmalsfreie Personen auf. Dies legt eine rezessive Vererbung der Rot-Grün-Sehschwäche nahe. Fünf Männer und nur eine Frau weisen die Rot-Grün-Sehschwäche auf. Dies legt die Vermutung nahe, dass es sich um einen x-chromosomal gebundenen Erbgang handelt. Da das Merkmal aber in allen Generationen auftritt und trotzdem rezessiv vererbt werden kann, muss man nach einer bestimmten Personenkonstellation suchen, um zu beweisen, dass das Merkmal rezessiv vererbt wird (z. B. merkmalsfreie Kinder, eines der Elternteile betroffen). Diese Konstellation tritt z. B. bei Mr. Scott mit seiner Frau und seinen beiden Kindern auf.

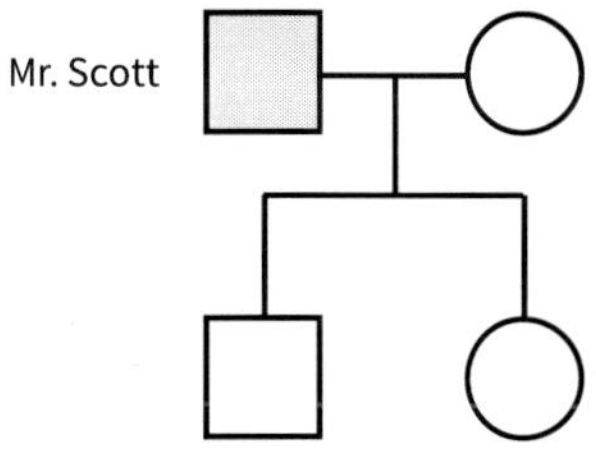

Mr. Scott muss das Allel für die Rot-Grün-Sehschwäche aufweisen, da er das Merkmal aufweist. An seine Tochter gibt er sein X-Chromosom weiter. Da sie das Allel im Genotyp aufweisen muss, jedoch keine Merkmalsträgerin ist, muss es sich um einen x-chromosomal rezessiven Erbgang handeln.

Merkmal	Variation	Allel
Rot-Grün-Sehschwäche	normalsichtig	A
	rot-grün-schwach	a

Frauen besitzen zwei X-Chromosomen, Männer ein X- und ein Y-Chromosom. Die zwei Chromosomen unterscheiden sich deutlich in Größe und Aussehen. Das Y-Chromosom erreicht nur ein Viertel der Größe des X-Chromosoms. D. h. für die meisten Gene auf dem X-Chromosom gibt auf dem Y-Chromosom kein entsprechendes Allel. Im Falle eines X-gekoppelten Erbgangs gibt es für die Männer nur zwei Möglichkeiten. Da ein Mann nur ein X-Chromosom besitzt, liegen folgende Genotypen bei den Männern in der Familie Scott vor:

1) X-Chromosom mit dem Allel A für Normalsichtigkeit bzw. X-Chromosom mit dem Allel a für die Rot-Grün-Sehschwäche.

2) das Y-Chromosom ohne entprechendes Allel.

Männer geben ihr X-Chromosom an alle Töchter und ihr Y-Chromosom an alle Söhne weiter. Frauen geben ein X-Chromosom sowohl an die Töchter als auch an die Söhne weiter; welches ausgewählt wird, entscheidet der Zufall. Folgende Genotypen liegen bei den Frauen in der Familie Scott vor:

1) Beide X-Chromosomen mit dem Allel a für die Rot-Grün-Sehschwäche bei allen Frauen, die das Merkmal aufweisen.

2) Alle Nichtmerkmalsträgerinnen weisen ein X-Chromosom mit dem Allel A auf. Das zweite X-Chromosom weist bei allen Konduktorinnen das Allel a auf. Bei homozygoten Nichtmerkmalsträgerinnen weist auch das zweite X-Chromosom das Allel A auf.

Stammbaum mit möglichen Genotypen:

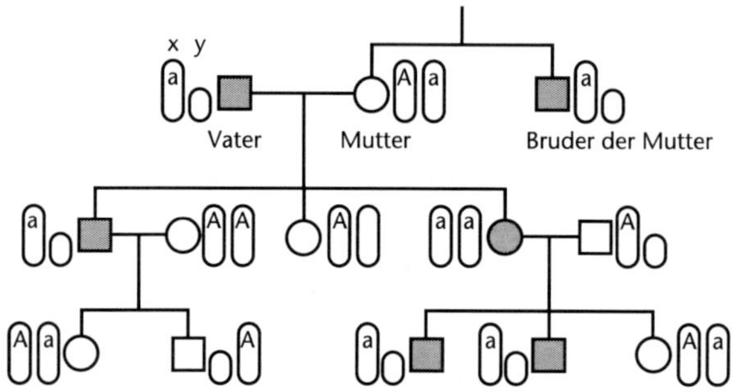

d) Alle Frauen, die Söhne mit Rot-Grün-Sehschwäche haben, müssen Konduktorinnen sein, da sie ein X-Chromosom mit dem Allel a an ihre Söhne vererbt haben müssen. Ist der Mann Merkmalsträger und die Frau homozygote Nichtmerkmalsträgerin (AA) so kann kein Kind Merkmalsträger sein. Alle Töchter können jedoch das Merkmal übertragen, denn sie sind heterozygot (Aa), da sie das X-Chomosom mit dem Allel a vom Vater geerbt haben müssen. Ist die Frau Merkmalsträgerin, so müssen alle ihre Töchter Konduktorinnen sein, da sie ein entsprechendes X-Chromosom mit dem Allel a von ihrer Mutter erben. Damit sind alle leiblich mit Mr. Scott verwandten Frauen Konduktorinnen. Lediglich für die Frau von Mr. Scott kann der Genotyp nicht eindeutig bestimmt werden. Sie könnte eine Konduktorin (Aa) sein, könnte aber auch homozygot (AA) bezüglich des Merkmals sein.

e) Frauen können nur Merkmalsträgerinnen sein, wenn ihr Vater ebenfalls die Rot-Grün-Sehschwäche aufweist und die Mutter zumindest Konduktorin für das Merkmal ist. Diese Konstellationen tritt relativ selten auf, sodass Töchter mit dem Genotyp aa selten vorkommen. Bei Männern hängt die Ausprägung des Merkmals dagegen ausschließlich von ihren Müttern ab: Sie sind immer Merkmalsträger, wenn ihre Mütter das Merkmal ebenfalls ausgeprägt haben. Sind die Mütter aber Konduktorinnen, so besteht eine 50%ige Wahrscheinlichkeit, dass ihre Söhne ebenfalls das Merkmal ausprägen. Es ist damit statistisch gesehen wahrscheinlicher, dass Männer die Rot-Grün-Sehschwäche ausprägen.

f) Der Mann mit Rot-Grün-Sehschwäche hat nur ein X-Chromosom mit dem Allel a, welches er an seine Töchter vererbt. Seine normalsichtige Frau hat unter der Annahme, dass sie homozygot ist, nur das

Allel A auf ihren X-Chromosomen. Sie gibt an alle Kinder eines dieser Chromosomen weiter, sodass alle Töchter Konduktorinnen sein müssen. Die Söhne können das Merkmal ebenfalls nicht aufweisen, da das Y-Chromosom des Vaters kein entsprechendes Allel enthält.

		Keimzellen mit Gonosomen des Vaters	
		X	Y
Keimzellen mit Gonosomen der Mutter	X	XX (Konduktorin)	XY
	X	XX (Konduktorin)	XY

Sollte die Frau jedoch Konduktorin sein, so sind statistisch gesehen die Hälfte ihrer Söhne und Töchter Merkmalsträgerinnen.

		Keimzellen mit Gonosomen des Vaters	
		X	Y
Keimzellen mit Gonosomen der Mutter	X	XX (Konduktorin)	XY
	X	XX (Merkmalsträgerin)	XY (Merkmalsträger)

2.

a) In beiden Stammbäumen treten mehr Nichtmerkmalsträger als Merkmalsträger auf. Diese sind jeweils in allen Generationen vorhanden. Während aber in Stammbaum a nur männliche Merkmalsträger auftreten, beträgt in Stammbaum b das Verhältnis von männlichen zu weiblichen Merkmalsträgern 3:2, ist also fast ausgeglichen.

b) Bei Stammbaum a liegt aufgrund der Annahme, dass es sich um eine gonosomale Vererbung handelt und der Tatsache, dass nur Männer betroffen sind, eine y-chromosomale Vererbung vor. Väter, die das Merkmal aufweisen, müssen auf ihrem Y-Chromosom das entsprechende Allel aufweisen. Dieses wird an alle Söhne weitergegeben, die daher ebenfalls das Merkmal aufweisen müssen. Da die Frauen kein Y-Chromosom besitzen, vererben sie nur eins ihrer X-Chromosomen an ihre Kinder. Die X-Chromosomen enthalten bezüglich des Merkmals aber kein entsprechendes Allel.
Bei Stammbaum b kann es sich nicht um eine y-chromosomale Vererbung des Merkmals handeln, da sowohl Männer als auch Frauen das Merkmal aufweisen. Mütter von Männern, die Merkmalsträger sind, müssen ein X-Chromosom mit dem entsprechenden Allel an ihre Söhne vererben. Da sie aber selber das Merkmal nicht aufweisen, müssen sie Konduktorinnen sein (Aa). Es handelt sich demnach um eine x-chromosomal rezessive Vererbung.

Stammbäume mit möglichen Genotypen:

Stammbaum a:

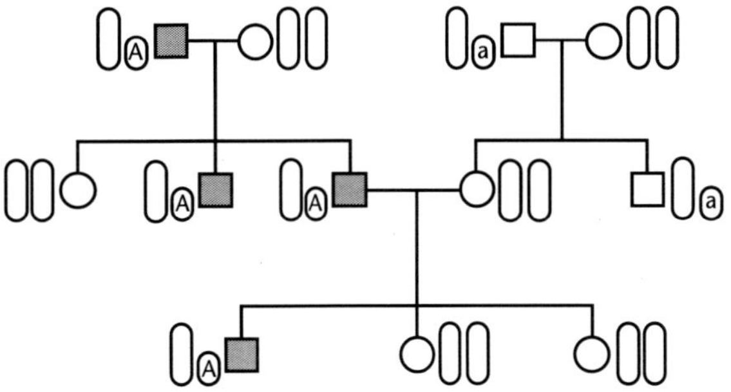

Stammbaum b:

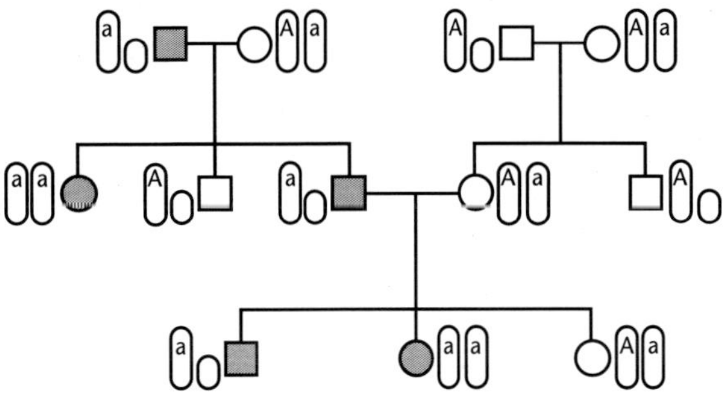

8.10 Blutgruppen und ihre Vererbung

Landsteiners Versuchsergebnisse Abb. 1

Antigen und Antikörper im ABO-System **1.** Abb. 2

Vererbung der Blutgruppen im ABO-System **2.** Abb. 3

1.

a)

Blutgruppe	Merkmale der Roten Blutzellen	Merkmale des Serums
A	Antigen A	Antikörper gegen das Antigen A
B	Antigen B	A
AB	Antigen A und Antigen B	Keine Antikörper
0	Keine Antigene	Antikörper gegen das Antigen A und Antikörper gegen das Antigen B

b) Das Serum enthält bei den Blutgruppen A, B und 0 Antikörper, bei Blutgruppe AB keine Antikörper. Störk und Landsteiners Blut verklumpte mit keinem Serum, die roten Blutzellen von Störk und Landsteiner dürfen daher keine Antigene aufweisen, d. h sie haben Blutgruppe 0. Ihr Serum enthält bei Blutgruppe 0 die Antikörper A und B und verklumpt daher mit allen anderen Blutzellen außer ihren eigenen. Das Serum von Stürli und Erdheim enthält Antikörper gegen die Antigene der Blutzellen von Pletschnig und Zaritsch und umgekehrt. Daraus folgt, dass die Blutgruppe AB für diese vier Personen nicht in Frage kommt. Das Serum der Blutgruppe AB enthält keine Antikörper, sodass die Zugabe von Blutzellen zu diesem Serum zu keiner Verklumpung führen dürfte. Pletschnig/Zaritsch haben Blutgruppe A oder B, Stürli und Erdheim haben dann die Blutgruppe B oder A, dies lässt sich nicht eindeutig klären.

2.

a)

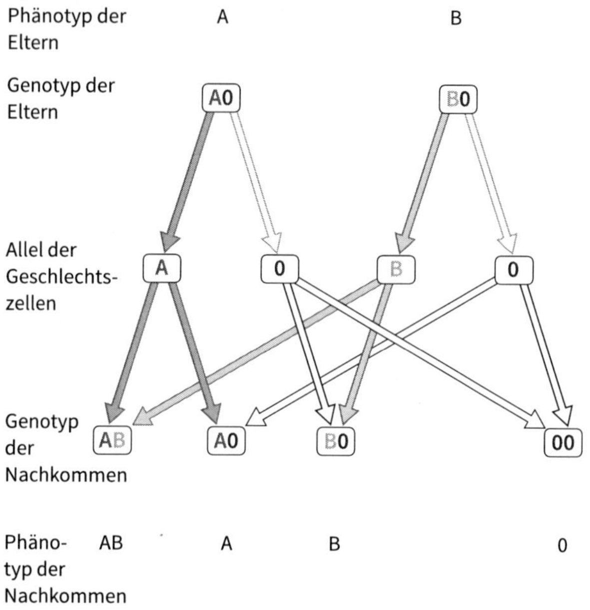

b) Die Wahrscheinlichkeit für die Blutgruppe AB beträgt pro Kind 25 %. Haben die beiden Eltern drei Kinder, so ist die Wahrscheinlichkeit, dass alle drei Kinder die Blutgruppe AB haben = 1/4 * 1/4 * 1/4 = 1/64.

c) Die Wahrscheinlichkeit, drei Kinder mit der Blutgruppe 0 zu bekommen, ist ebenfalls 1/64.

3.

*Elternpaar 1 (*B und B)

Genotypen [BB oder B0] und [BB oder B0]

Kind 1 (AB): nicht möglich, da beide Eltern kein Allel A besitzen. Kind 2 (A): nicht möglich, da beide Eltern kein Allel A besitzen. Kind 3 (0): möglich bei der Allelkombination 00. Kind 4 (B): möglich bei den Allelkombinationen BB oder B0.

Elternpaar 2 (AB und 0)

Genotypen: [AB] und [00]

Kind 1 (AB): nicht möglich, da ein Elternteil weder Allel A noch Allel B besitzt. Kind 2 (A): möglich, da

ein Elternteil ein gegenüber 0 dominantes Allel A besitzt. Kind 3 (0): nicht möglich, da ein Elternteil kein Allel 0 besitzt. Kind 4 (B): möglich, da ein Elternteil ein gegenüber 0 dominantes Allel B besitzt.
Elternpaar 3 (A und B)
Genotypen [AA oder A0] und [BB oder B0]
Kind 1 (AB): möglich, da ein Elternteil das Allel A und das andere Elternteil Allel B besitzt. Kind 2 (A): möglich, da ein Elternteil ein gegenüber 0 dominantes Allel A besitzt. Kind 3 (0): möglich, da beide Elternteile jeweils ein Allel 0 besitzen. Kind 4 (B): möglich, da ein Elternteil Allel B besitzt, das andere Allel 0.

Elternpaar 4 (0 und 0)
Genotypen [00] und [00]
Kind 1 (AB): nicht möglich da die Eltern weder Allel A noch Allel B besitzten. Kind 2 (A): nicht möglich da die Eltern kein Allel A besitzten. Kind 3 (0): möglich, da beide Elternteile jeweils zwei Allele 0 besitzen. Kind 4 (B): nicht möglich da die Eltern kein Allel b besitzten.
Zuordnungen:
Kind 3 0 -> eindeutig Elternpaar 4
Kind 1 AB -> eindeutig Elternpaar 3
Kind 2 A -> Elternpaar 2
Kind 4 B ->Elternpaar 1

8.11 Gene können durch Mutationen verändert werden

Feldhase – Schneehase → Mutationen	**3.** Abb. 1, 2
Weitergabe von Mutationen und Ausprägung	**1., 2.** Abb. 3
Bedeutung von Mutationen in der Ökologie und Medizin	**4., 5.** Abb. 4, 5

1.
Fehlfunktionen treten nicht immer auf, da diese Organismen diploid sind; wenn das andere Chromosom ohne diese Fehlfunktion ist, muss die Fehlfunktion nicht unbedingt phänotypisch in Erscheinung treten. Das Genprodukt des anderen Chromosoms „kompensiert" die Fehlfunktion.

2.
Durch Röntgenstrahlung können Mutationen in den Erbanlagen entstehen. Um zu verhindern, dass dabei Mutationen in der Keimbahn entstehen, werden die Geschlechtsorgane durch Blei abgeschirmt. Schwangere werden nicht geröntgt, um den Embryo vor Strahlenschäden zu schützen.

3.
Es handelt sich um eine Mutation, die für den Schneehasen von Vorteil ist, da er durch die wechselnde Fellfarbe jeweils besser an seine Umwelt (Jahreszeit) angepasst und somit geschützter vor Feinden ist; er hat damit einen Überlebensvorteil.

4.
Durch eine Mutation ist ein Gen (und Genprodukt) entstanden, das dem Insekt eine Resistenz gegen das Insektizid verleiht. Daher sterben diese Insekten bei einem Insektizideinsatz nicht; die Insekten ohne dieses Gen schon. Auch ein weiterer Insektizideinsatz tötet diese Insekten nicht; vielmehr können sie sich jetzt stark vermehren, da sie keine Konkurrenz haben.

5.
Die Abbildung zeigt, dass der Anteil der 3TC resistenten HI-Viren innerhalb der ersten zwei bis drei Wochen stark ansteigt und nach circa zehn Wochen schon fast bei hundert Prozent liegt. Es verdeutlicht, dass die HI-Viren durch schnelle Mutationen resistent gegen das Medikament werden. Der Einsatz des Medikaments ist fragwürdig, da so resistente Stämme entstehen, gegen die dieses Medikament und eventuell auch andere Medikamente mit gleichem Angriffspunkt nicht mehr wirken.

8.12 PKU – eine erbliche Stoffwechselstörung

Phenylketonurie (PKU) – eine erbliche Stoffwechselstörung	Abb. 2
Phenylalaninstoffwechsel bei verschiedenen Genotypen	**1.** Abb. 4
Molekulare Grundlagen des Heterozygotentests	**2.** Abb. 3, 4
PKU in der Familie Kurze	**3.** Abb. 1, 3, 4

1.

Genotypen und Phänotypen: Aa, gesund, heterozygoter Überträger; AA = gesund; aa = krank

AA: Beim homozygot Gesunden liegen auf beiden Chromosomen 12 die nicht mutierten (dominanten) Gene zur Bildung des Enzyms PAH. PAH setzt Phenylalanin zu Tyrosin um. Da das Gen doppelt vorhanden ist, wird viel Enzym gebildet und es kann viel Phenylalanin umgesetzt werden.

Aa: Beim Heterozygoten ist das Gen zur Bildung des Enzyms PAH auf einem der beiden Chromosomen 12 mutiert. Diese Mutation verhindert die korrekte Synthese des Enzyms. Da allerdings das andere Chromosom das nicht-mutierte Gen trägt, ist die Information zur Bildung von funktionsfähigem PAH vorhanden. Allerdings ist die Menge des synthetisierten Enzyms etwas geringer als beim homozygot Gesunden, wodurch weniger Phenylalanin pro Zeit umgesetzt werden kann.

aa: Beim Kranken sind die entsprechenden Gene auf beiden Chromosomen 12 mutiert, es kann kein PAH hergestellt werden und Phenylalanin kann nicht abgebaut werden.

2.

Gesunde Personen besitzen viele PAH-Enzyme (vgl. Abb. 4a) und setzen das injizierte Phenylalanin schnell in Tyrosin um, was am deutlichen Anstieg des Tyrosin-Gehalts im Blut erkennbar ist. Heterozygote besitzen weniger Enzym PAH (vgl. Abb. 4b), sodass der Umbau des Phenylalanins in Tyrosin langsamer stattfindet; der Tyrosin-Gehalt im Blut steigt nach Phenylanalin-Injektion wesentlich langsamer an. Bei PKU-Kranken verändert sich der Tyrosin-Gehalt im Blut auch viele Stunden nach der Phenylalanin-Injektion nicht, da keinerlei Enzym zur Umwandlung des Phenylalanins in Tyrosin vorhanden ist (vgl. Abb. 4c).

3.

a) A = funktionsfähiges Allel, a = mutiertes Allel
Elisabeth K.: Aa, heterozygot, gesund
Reiner K.: Aa, heterozygot, gesund
Lukas K.: Aa, heterozygot, gesund
Isabel K.: AA, homozygot, gesund
Jonas K.: aa, homozygot, PKU-krank

b)

		Vater (heterozygot gesund)	
		A	a
Mutter (heterozygot gesund)	A	AA	Aa
	a	Aa	aa
		Kinder	

Die Wahrscheinlich für ein weiteres an PKU erkranktes Kind beträgt 25 %.

8.13 Modifikationen – Gene und Umwelt

Modifikation bei chinesischer Primel und Russenkaninchen	Abb. 1, 2
Reaktionsnorm und Modifikationskurve	**1., 2., 3.** Abb. 3–5
Modifikation beim Menschen	**5.** Abb. 6
Variabilität	**4.**

1.

a) Mögliche Ursachen für die unterschiedliche Blattlänge der Buchenblätter könnten sein:
- unterschiedlich gute Versorgung mit Wasser und Mineralsalzen
- unterschiedliche Lichtintensität
- unterschiedliche Temperatur (im Schatten, in der Sonne)
- unterschiedliche Position im Baum

Zum Beweis können Teile einer Pflanze separiert und unterschiedlichen Umwelteinflüssen ausgesetzt werden (Temperatur, Licht, Wasser- und Mineralsalzversorgung, etc.). Unterschiede, die in der Blattlänge auftreten, können dann nicht genetisch bedingt sein, da alle Blätter von einer Pflanze stammen und somit dieselbe Erbinformation tragen.

b) *Umschlagende Modifikationen* zeigen sich durch klar abgrenzbare Merkmalsausprägungen: Die Fellfarbe des Russenkaninchens ist entweder nur weiß oder schwarzweiß, genauso blüht die Chinesische Primel entweder weiß oder rot. Dagegen haben *fließende Modifikationen* nicht klar von einander trennbare Übergänge: Die Länge der Buchenblätter kann innerhalb der Reaktionsnorm beliebig variieren.

2.

Die Pflanze, die aus dem kleinen Samen hervorging, wurde unter günstigen Umwelteinflüssen gehalten und bildete große Samen. Die Pflanze, die aus dem großen Samen heranwuchs, wurde unter ungünstigen Umweltbedingungen gehalten und bildete kleine Samen. Die Größe der Samen ist also nicht vererbt, sondern im Rahmen der genetisch vorgegebenen Reaktionsnorm von Umwelteinflüssen abhängig: Unter günstigen Bedingungen können große, unter schlechten Bedingungen nur kleine Samen ausgebildet werden.

3.

a) Auf der x-Achse ist die Länge der Bohnensamen aufgetragen, auf der y-Achse die Anzahl an Samen. Die Kurve zeigt, dass die Länge der von einer Pflanze nach Selbstbestäubung gebildeten Samen um einen Mittelwert variiert: Sehr viele Samen haben eine mittlere Länge, zu den Seiten (kürzere und längere Samen) fällt die Kurve ab.

b) Modifikationen beschreiben die unterschiedliche Ausprägung eines Merkmals bei gleicher Erbinformation durch Umwelteinflüsse. Die unterschiedliche Körpergröße der Menschen in Deutschland beschreibt keine Modifikation, da alle Menschen unterschiedliche Erbinformation für das Merkmal Körpergröße tragen; mögliche zusätzliche Modifikationen durch Umwelteinflüsse (z. B. Ernährung) können von den großen genetischen Unterschieden nicht getrennt werden.

4.

Genetische Variabilität geht auf die Durchmischung der Erbanlagen bei sexueller Fortpflanzung zurück. Da jedes Individuum zwei Allele zur Merkmalsausprägung trägt, aber nur eines an die nächste Generation weitergibt, kommt es zu immer neuen Kombinationen der genetischen Informationen, die die Ausprägung von Merkmalen bedingen. Zusätzlich können bei der Ausbildung eines Merkmals Modifikationen durch Umwelteinflüsse auftreten; diese sind nicht vererbbar, führen aber ebenfalls zu einer erhöhten Variabilität innerhalb der Ausprägung eines Merkmals.

5.
Mit zunehmender Zeit und Höhe steigt durch Modifikation die durchschnittliche Anzahl an roten Blutzellen. Diese Veränderungen sind eine Anpassung des Körpers an den niedrigeren Luftdruck in hohen Lagen und damit der zunehmenden Schwierigkeit, Sauerstoff im Blut zu binden. Der Körper reagiert darauf mit einer erhöhten Produktion roter Blutzellen. Wenn Hochleistungssportler an hoch gelegenen Orten trainieren, finden dieselben Anpassungen des Körpers statt und es werden mehr rote Blutzellen gebildet. Bei einem anschließenden Wettkampf an einem niedriger gelegenen Ort sind diese immer noch im Blut der Sportler vorhanden und erhöhen so die Leistungsfähigkeit, da mehr Sauerstoff pro Zeit aufgenommen wird und die Muskeln besser versorgt werden können.

8.14 Gene und Umwelt wirken beim Menschen zusammen

Eineiige Zwillinge - im Blick der Forschung	Grundwissen, Abb. 1
Einfluss von Genen und Umwelt auf Merkmale und Verhalten	**1.** Abb. 2, 3
Verschränkung biologischer, psychologischer und soziokultureller Einflüsse	**2.** Abb. 4
Das „unbeschrieben Blatt“	**3.**

1.
Das Modell in Abbildung 3 zeigt den theoretischen mathematischen Zusammenhang genetisch bedingter und umweltbedingter Merkmale. In der Abbildung bedeutet der linke Rand 100 % umweltbedingt, der rechte Rand 100 % genetisch bedingt.
Position I zeigt auf ein mögliches Merkmal, das zu etwa 60 % genetisch bedingt ist.
Position II zeigt auf ein Merkmal, das zu jeweils etwa 50 % umwelt- und genetisch bedingt ist.
Position III zeigt auf ein Merkmal, das zu 60 % umweltbedingt und zu etwa 40 % genetisch bedingt ist.
Abbildung 2 visualisiert drei grundlegende Positionen: Die Position a nimmt an, dass der Mensch und sein Verhalten allein durch seine Gene festgelegt sind. Die Position b ist dazu entgegengesetzt. Sie nimmt an, dass der Mensch als „unbeschriebenes Blatt“ („tabula rasa“) zur Welt kommt und allein durch die Umwelt zu dem wird, was er ist. Position c nimmt an, dass jeder Mensch in seinem Verhalten sowohl von den Genen als auch von der Umwelt beeinflusst ist.
Gene und Umwelt wirken zusammen, sie sind keine Gegensätze, die sich ausschließen. Der Mensch ist Teil der Evolution und schon durch die Angepasstheit kein „unbeschriebenes Blatt“ Die Gene tragen ein evolutives Erbe, das dem Gehirn ermöglicht, Verhalten, Erfahrungen, Gedächtnisinhalte und Gefühle individuell in Wechselwirkung mit der Umwelt zu verschränken. Am Beispiel des Spracherwerbs wird deutlich, dass die genetischen Voraussetzungen zur Gehirnentwicklung diesen überhaupt erst möglich machen. Die Individualität des Spracherwerbs hängt von der kulturellen Umwelt ab.

2.
Das (aktuelle) Verhalten eines Individuums unterliegt biologischen, psychologischen und sozial-kulturellen Einflüssen. In allen drei aufgeführten Kategorien finden sich individuelle Faktoren. Dadurch wird es unmöglich, den genetischen Anteil und den umweltbedingten Anteil am Verhalten eines Menschen zu beziffern.

3.

Individuelle Lösung, z. B.:

Watsons Behauptungen sind der Position b in Abbildung 2 zuzuordnen, da die offensichtlich auch genetisch bedingten Aspekte wie „Talente“ und „Fähigkeiten“ missachtet werden sollen. Eine ethische Bewertung erfordert Stellungnahmen zu einer notwendigen Korrektur dieses Ansatzes Watsons, zur Individualität und zur Würde des Menschen.

9 Variabilität entsteht durch Mutationen und Rekombinationen

9.1 Vergleich ungeschlechtlicher und geschlechtlicher Fortpflanzung

Sexuelle Fortpflanzung und genetische Vielfalt	Abb. 1
Geschlechtliche und ungeschlechtliche Fortpflanzung	**1., 2.** Abb. 3
Konjugation	**3.** Abb. 2

1.

Bei ungeschlechtlicher (asexueller) Fortpflanzung entwickeln sich vom Elter abgelöste Teile zu einem neuen Organismus. Mutter- und Tochterorganismus sind genetisch identisch (Beispiel: Einfache Zweiteilung bei Einzellern).
Bei geschlechtlicher (sexueller) Fortpflanzung entsteht ein neuer Organismus durch die Verschmelzung zweier Geschlechtszellen der beiden Eltern, wodurch die Erbinformation vermischt wird und der Tochterorganismus eine einzigartige Kombination der genetischen Information erhält und individuelle Merkmale ausbildet.

2.

Bei der geschlechtlichen Fortpflanzung bildet sich nach der Verschmelzung zweier Geschlechtszellen eine Hülle, die vor schädlichen Umwelteinflüssen schützt. Dies hat den Vorteil, dass schlechte Umweltbedingungen (z. B. Trockenheit) überdauert werden können. Erst wenn sich die Umwelteinflüsse bessern, beginnt sich die befruchtete Zelle zu teilen, die Hülle bricht auf und neue Nachkommen gelangen nach außen. Ein weiterer Vorteil liegt in der Neukombination der genetischen Information bei geschlechtlicher Fortpflanzung, da die entstehenden Nachkommen evtl. besser an die veränderten Umweltbedingungen angepasst sind und ihre Überlebenschancen steigen.
Der Vorteil der ungeschlechtlichen Fortpflanzung bei Chlamydomonas liegt darin, dass diese sehr schnell abläuft, kein Geschlechtspartner notwendig ist und sich Chlamydomonas dadurch sehr schnell vermehren kann.

3.

Konjugation ist eine einfache Form der Sexualität, bei der Erbinformationen ausgetauscht werden. Sie ermöglicht die Neukombination von Erbanlagen. Bei dem Vorgang bilden zwei Zellen eine Plasmabrücke und tauschen über sie Erbinformation aus. Bakterien sind prinzipiell unsterblich, sie vermehren sich durch Zweiteilung. Beide „Nachkommen" einer Bakterienzelle besitzen daher auch die gleichen Erbanlagen. Durch die Konjugation erhöht sich die Variabilität in der Population. Das ist der entscheidende Vorteil. Variation ermöglicht Angepasstheit an neue Lebensräume und ermöglicht die Existenz auch unter ungünstigen Bedingungen (z. B. bei Anwesenheit von Antibiotika). Durch Konjugation können bereits lebende Individuen Erbanlagen von anderen Individuen übernehmen und dann Merkmale ausprägen, die in der aktuellen Lebenssituation evtl. von Vorteil sind. Beispielsweise kann auf diesem Weg eine Antibiotikaresistenz weitergeben werden. Gleichzeitig findet aber trotzdem ungeschlechtliche Fortpflanzung statt, die eine sehr schnelle Vermehrung ermöglicht und durch die sich die Population schnell vergrößert.

9.2 Genetische Variabilität in Populationen

Natürliche Auslese beim Zweipunkt-Marienkäfer	**1.** Abb. 2, 4, 5
Züchtung als künstliche Auslese	**2.**
Variabilität bei Schnirkelschnecken	**3.** Abb. 1, 3, 6

1.

a) Aufgrund der höheren Wintersterblichkeit der schwarzen Variante findet man im Frühling zahlenmäßig mehr rote als schwarze Varianten des Zweipunktmarienkäfers. Im Herbst dominieren die Käfer mit schwarzer Grundfärbung in der Population. Schwarze Marienkäfer benötigen mehr Nährstoffe als rote Marienkäfer. Durch die erhöhte Stoffwechselaktivität können sie mehr Nachkommen hervorbringen als rote Marienkäfer. Im Winter ist die höhere Stoffwechselaktivität von Nachteil. Da die Marienkäfer von ihren Fettreserven zehren, verhungern die schwarzen Käfer eher als die roten Varianten.

b) Das Balkendiagramm zeigt für alle Untersuchungsjahre, dass im April die roten und im Oktober die schwarzen Käfer überwiegen. Das Liniendiagramm zeigt, dass bei kälteren Temperaturen die roten und bei wärmeren Temperaturen die schwarzen Käfer häufiger sind. Es ist ein Vorteil, dass es eine Form gibt (rot), die im Winter kältere Temperaturen übersteht und nur wenig Stoffwechselaktivität hat. Und es ist ein Vorteil, dass es eine Form gibt (schwarz), die im Sommer bei hohen Temperaturen eine hohe Zahl an Nachkommen hervorbringen kann. In der Summe erhöht das den Fortpflanzungserfolg der Population.

c) Die Aussage kann nicht geprüft werden. Es handelt sich um ein komplexes System das auf den wechselnden Bedingungen der Natur beruht, und bei dem mindestens 80 verschiedene genetische Varianten möglich sind. Wenn davon 10 oder 20 nicht vorhanden wären, würde sich vermutlich ein anderer „Gleichgewichtszustand" ergeben.

2.

Bei der künstlichen Auslese, z. B. von Tomaten, werden Individuen mit den gewünschten Eigenschaften gekreuzt, mit dem Ziel, dass Nachkommen entstehen, die in Bezug auf diese Eigenschaften reinerbig sind, d. h. dass sie nur die Allele in der Erbinformation tragen, die die gewünschte Ausprägung des Merkmals erzeugt.

Bei der natürlichen Auslese werden in einer Population aus einem Pool von Erbanlagen immer neue Kombinationen zusammengemischt. Erbanlagen für Eigenschaften, die in der jeweiligen Umgebung vorteilhaft sind, werden dabei häufiger weitergegeben, denn Individuen mit diesen Eigenschaften haben einen höheren Fortpflanzungserfolg.

3.

Die gelben Punkte sind über die ganze Fläche des Punkt-Diagramms ungefähr gleichmäßig verteilt. Die grünen Dreiecke häufen sich im Quadranten rechts unten, während die blauen Quadrate vorwiegend im Quadranten links oben zu finden sind. Das bedeutet:

Blaue Quadrate: Individuen aus Populationen, die in Hecken gefunden wurden, sind eher hell gefärbt und haben keine oder nur geringe Bänderung.

Grüne Dreiecke: Individuen aus Populationen, die im Wald gefunden wurden, sind eher dunkel gefärbt und haben eine mittlere bis starke Bänderung.

Gelbe Punkte: Populationen, die auf Wiesen gefunden wurden, sind tendenziell eher hell gefärbt und gebändert, haben aber alle möglichen Merkmalskombinationen bei ihren Individuen.

In der dunklen Umgebung des Waldes sind dunkle Schnecken besonders gut getarnt. Auf einer vielfältigen Wiese sind die Lichtverhältnisse sehr unterschiedlich, sodass an einer Stelle die hellen und an anderer Stelle die dunklen Schnecken getarnt sind. Das Singdrosseln auf Wiesen mehr helle Schnecken finden, sagt nicht unbedingt, dass es dort keine dunklen gibt. Hier kann die Untersuchungsmethode das Ergebnis beeinflussen.

9.3 Nicht-erbliche Anpassungen und erbliche Angepasstheiten

Mimese	Abb. 1
Angepasstheit und Anpassung	**1.** Abb. 5
Höhenakklimatisierung	**2.** Abb. 2–4

1.

a) Beim Wandelnden Blatt sind Körper und Beinsegmente durch blattförmige Erweiterung gekennzeichnet. So sehen die Körperteile aus wie ein großes und viele kleine Blätter. Auf diese Weise und auch durch die grüne Färbung ist das Wandelnde Blatt im Blattwerk sehr gut getarnt.

b) Individuelle Lösung, z. B.:
Wenn man viel barfuß läuft oder schwere Arbeit mit den Händen verrichtet, entwickelt sich an den beanspruchten Stellen die unempfindliche Hornhaut.
Fehlt ein Sinn, z. B. das Sehen, wird oft ein anderer Sinn, z. B. das Hören, besonders empfindlich in der Wahrnehmung.

c) Die Aussage ist plausibel. Die Fähigkeit zum Farbwechsel ist bei Chamäleon genetisch festgelegt. Auch die Variationsbreite, in der der Farbwechsel erfolgen kann, ist genetisch festgelegt. Die Fähigkeit dient der Tarnung und ist eine über viele Generationen entwickelte und in den Erbinformationen festgelegte Angepasstheit. Der einzelne Farbwechsel ist dagegen nicht erblich vorgegeben, sondern wird durch den Wechsel der Umgebung ausgelöst. Hierbei handelt es sich um eine kurzfristige Anpassung. Zusammengefasst: Beim Chamäleon kann die die Fähigkeit zur farblichen Anpassung an die Umgebung als Angepasstheit bezeichnet werden.

2.

Abbildung 3 zeigt, dass die Herzfrequenz in Ruhe mit zunehmender Höhe steigt. Auf Meeresniveau liegt sie bei 60 Schlägen/min, auf 8000 m Höhe liegt sie bei 95 Schlägen/min. Es muss mehr Blut durch den Körper transportiert werden, um ihn ausreichend mit Sauerstoff zu versorgen. In dieser Untersuchung ist keine "Gewöhnung" an die Höhe ermöglicht worden.
Abbildung 2 zeigt Sauerstoffsättigung und Atmungsintensität (Ventilation) in Abhängigkeit von der Dauer eines Höhenaufenthaltes. In den ersten Tagen liegt die Sauerstoffsättigung unter 80 %. Bis zum 7. Tag steigt sie an. Ab dem 8. Tag bleibt sie konstant bei 87 %. Die Ventilation steigt vom Ausgangswert 5 l/min auf 15 l/min am 15. Tag und fällt danach langsam etwas ab.
Der Mensch verfügt über den Regelungsmechanismus, dass in der Höhe vermehrt rote Blutzellen gebildet werden. Das Erreichen einer Sauerstoffsättigung des Blutes von 87 % beruht vermutlich auf solch einem Anstieg der Anzahl an roten Blutzellen. Diese Fähigkeit zur vermehrten Produktion von roten Blutzellen in der Höhe ist genetisch bedingt und kann als Angepasstheit bezeichnet werden. Wenn bei einem Höhenaufenthalt tatsächlich vermehrt rote Blutzellen gebildet werden, ist das eine Anpassung an die Umgebungsbedingungen.

M Naturwissenschaftliche Erklärungen und Alltagserklärungen

1.

a) Wissenschaftlich korrekte Deutung zur Entstehung der Flughäute: In der Population der Vorfahren der heutigen Flugfrösche gab es zufällige Mutationen in den Genen, die größere Schwimmhäute zwischen den Zehen zur Folge hatten. Diese Frösche hatten einen Selektionsvorteil gegenüber solchen mit kleineren Schwimmhäuten und konnten z. B. schneller fliehen oder andere Nahrungsquellen auf Nachbarbäumen besser erreichen. Dadurch wurde ihr Fortpflanzungserfolg erhöht, sodass die entsprechenden Gene für größere Häute zwischen den Zehen mit einer größeren Wahrscheinlichkeit weitergegeben worden sind.
Denkmuster 1: „Die Vergrößerung der Flughäute wird durch absichtsvolles und zielgerichtetes Handeln der Flugfrösche erreicht." Denkmuster 1 widerspricht der wissenschaftlich korrekten Deutung. Die Vergrößerung der Flughäute ist auf zufällige Mutationen und natürliche Selektion zurückzuführen.
Denkmuster 2: „Die Gene der Frösche werden vom Körper verändert, damit die „Anpassung" an die Nachkommen weitergegeben wird." Denkmuster 2 widerspricht der wissenschaftlich korrekten Deutung. Die Vergrößerung der Flughäute ist auf zufällige Mutationen und natürliche Selektion zurückzuführen.
Denkmuster 3: „Die Vergrößerung der Flughäute wird automatisch durch Reaktionen der Frösche auf die veränderten Lebensbedingungen bewirkt." Denkmuster 3 berücksichtigt eine Veränderung der Lebensbedingungen. Die Vergrößerung der Flughäute erfolgt allerdings nicht automatisch, sondern ist auf zufällige Mutationen zurückzuführen, die bei einer Veränderung von Lebensbedingungen vorteilhaft sein können und somit einen Fortpflanzungsvorteil bedeuten können.
b) Individuelle Lösung.

2.

a) Individuelle Lösung.
b) Goethe erkennt, dass erbliche Merkmale von beiden Elternteilen weitergegeben werden. Er berücksichtigt nicht, dass väterliche und mütterliche Gene durch Neukombination zufällig vermischt werden.

M Wiederholen – Üben – Festigen: „Vom Kern über das Chromosom zum Gen“

1.

a) Individuelle Lösung.
b) Individuelle Lösung.

2.

Aus der „Wurzelregion“ von Acetabularia crenulata kombiniert mit dem Stiel von Acetabularia mediterranea entwickelt sich der Schirm von Acetabularia mediterranea, da die „beweglichen Moleküle“ im Stiel bereits vorhanden sind und zu der Ausprägung des Merkmals führen. Schneidet man nun wiederum den Schirm ab, entwickelt sich ein neuer Schirm, dessen Ausprägung zwischen den Merkmalen der beiden Schirme ist. Dies wird durch das Vorhandensein „beweglicher Moleküle“ sowohl von Acetabularia mediterranea als auch von Acetabularia crenulata bewirkt. Schneidet man den Schirm wieder ab, entwickelt sich ein Schirm mit den Merkmalen des Schirms von Acetabularia crenulata, da die Information für die Ausprägung jetzt ausschließlich aus dem Zellkern von Acetabularia crenulata stammt.

3.

Die haploiden Geschlechtszellen werden durch Meiose im Eierstock der Frau und in den Hoden des Mannes gebildet. Der Lebenszyklus eines Menschen beginnt mit der Befruchtung der weiblichen Eizelle durch eine männliche Spermiumzelle. Die Zygote enthält den diploiden Chromosomensatz. Die Zygote durchläuft weitere Stadien der Zellteilungen durch Mitose. Dadurch erhält jede neugebildete Zelle vor und nach der Geburt den diploiden Chromosomensatz. Der Lebenszyklus eines neuen Menschen beginnt mit der Zygote. In ihr liegt die genetische Information zum ersten Mal in der für diesen Menschen charakteristischen Kombination vor.

4.

Die Züchtung bitterstofffreier und platzfester Lupinen entspricht einer künstlichen Auslese. Durch eine gezielte Bestäubung werden Pflanzen mit den gewünschten Merkmalen gekreuzt. Die Allele für die neue Züchtung sind jeweils rezessiv, sodass der Genotyp einer erfolgreichen Kreuzung die Allelkombination [aabb] aufweisen muss (a: platzfeste Hülsen, b: bitterstofffrei). Die Allele für die Merkmalsausprägung „leicht aufplatzend“ (A) und „bitterstoffhaltig“ (B) dürfen in der Züchtung nicht auftreten.
Die Ausgangsformen sind:
platzfest/bitterstoffhaltig [aaBB] und
leicht aufplatzend/bitterstofffrei [AAbb].
In der F_1-Generation werden alle Individuen gleich sein. Mit dem Genotyp [AaBb] haben sie alle die Merkmalskombination „leicht aufplatzend“ und „bitterstoffhaltig“, da diese Merkmale dominant vererbt werden. In der F_2-Generation werden auch Individuen mit den Merkmalen „bitterstofffrei“ und /oder „platzfest“ auftreten. Pflanzen, die beide Merkmale zeigen, müssen reinerbig sein, da beide Merkmale rezessiv vererbt werden. Pflanzen mit der Allelkombination [aabb] können untereinander gekreuzt werden. Alle Nachkommen besitzen ebenfalls diesen Genotyp.
Kreuzungsschemata:
Erste Kreuzung: Die Elterngeneration bildet nur die Geschlechtszellen [Ab] und [aB]. Alle Nachkommen in der F1-Generation haben deshalb den Genoptyp [AaBb].
Zweite Kreuzung:

		AaBb F_1			
		AB	aB	Ab	ab
F_1 AaBb	AB	AABB	AaBB	AABb	AaBb
	aB	AaBB	aaBB	AaBb	aaBb
	Ab	AABb	AaBb	AAbb	Aabb
	ab	AaBb	aaBb	Aabb	aabb

F_2

Im Verhältnis 1:16 werden Individuen mit der gewünschten Merkmalskombination auftreten (Genotyp [aabb]).

5.

Individuelle Entwicklung des Erbganges mit folgendem Ergebnis:

Prinz Albert: xy
Queen Victoria: xx

Kaiser Friedrich III : xy
Viktoria: xx
Alice: xx
Ludwig v. Hessen: xy
Helene v. Waldeck: xx oder xx
Leopold Duke of Albany: xy
Heinrich v. Battenberg: xy
Beatrice: xx

Heinrich von Preußen: xy
Irene: xx
Frederik: xy
Alexandra: xx
Zar Nikolaus II.: xy
Alexander v. Teck-Athlone: xy
Alice: xx
Alfons XII. v. Spanien: xy
Vict. Eugenie v. Battenberg: xx
Leopold: xy
Moritz: xy

Waldemar: xy
Heinrich: xy
Zarewitsch Alexei: xy
Ruprecht: xy
Alfonso v. Spanien: xy
Gonzalo: xy
(Für die nicht namentlich benannten Personen gilt: die Männer haben die Kombination xy und die Frauen entweder xx oder xx.)
Begründung: Im dargestellten Erbgang sind über drei Generationen 10 Männer von der Krankheit betroffen und keine der Frauen. Das ist ein Indiz dafür, dass die Bluterkrankheit x-chromosomal rezessiv vererbt wird. Männer haben entweder ein x-Chromosom mit einem bezogen auf das Merkmal nicht mutierten Allel oder ihr x-Chromosom trägt das mutierte Allel und sie haben die Bluterkrankheit (rot markiert). Bei Frauen träte die Krankheit nur auf, wenn beide x-Chromosomen betroffen wären. Das ist im dargestellten Erbgang nicht der Fall. Bei Frauen, die ein x-Chromosom mit einem mutierten und eines mit einem nicht mutierten Allel besitzen, tritt die Krankheit nicht auf, aber sie sind Konduktorinnen, d. h. sie können das Allel an ihre Nachkommen weitergeben. Folgende Frauen müssen Konduktorinnen sein, da Kinder von ihnen betroffen sind: Queen Victoria, Victoria, Alice, Beatrice, Irene, Alexandra, Alice, Vict. Eugenie v. Battenberg

6.

6.1 Bedeutung des Zellkerns
Kompartimentierung: Unter Kompartimentierung versteht man eine räumliche Aufteilung, zum Beispiel verschiedener Aufgaben, in einem Organismus. Auch eine einzelne Zelle ist in verschiedene Teilräume, die Zellorganellen, gegliedert. In Teilräumen können verschiedene Vorgänge gleichzeitig stattfinden, ohne sich gegenseitig zu stören. Der Zellkern ist ein großes Organell mit spezifischen Funktionen.
Information und Kommunikation: Innerhalb eines Organismus werden Informationen ausgetauscht und weitergegeben. Von großer Bedeutung für jedes Lebewesen sind die Informationen in den Erbanlagen (Genen). Die Bedeutung des Zellkerns besteht darin, dass er die gesamte Erbinformation eines Lebewesens, das Genom, enthält.
Steuerung und Regelung: Viele Zustände im Körper eines Lebewesens werden gesteuert oder geregelt. Dadurch reagiert der Körper auf Veränderungen und kann Bedingungen im Körper stabil halten. Der Zellkern regelt und steuert die gesamte Entwicklung von der befruchteten Eizelle bis zum ausgewachsenen Lebewesen.

6.4 Mitose – erbgleiche Zellteilung
Fortpflanzung und Entwicklung: Durch Fortpflanzung vermehren sich Lebewesen und dadurch wird ihr Fortbestand gesichert. Bei der Fortpflanzung werden Erbanlagen (Gene) weitergegeben. Gene sind Abschnitte auf den Chromosomen im Zellkern. Nach jeder Zellteilung (Mitose) enthalten die neu entstandenen Zellen in den Zellkernen die gleiche Erbinformation wie die Zelle, aus der sie hervorgingen.
Information und Kommunikation: Die Informationen in den Erbanlagen sind von großer Bedeutung für jedes Lebewesen. Nach jeder Mitose enthalten

die Zellkerne Informationen, die die Entwicklung und die Ausbildung von Merkmalen eines Lebewesens beeinflussen.
Struktur und Funktion: Unter Struktur versteht man in der Biologie den Bau von Lebewesen und ihrer Teile. Mit ihrem Bau sind Lebewesen an bestimmte Funktionen angepasst. In der Interphase verdoppeln sich die Chromosomen. Zu Beginn der Mitose wird die Membran des Zellkerns während der Prophase aufgelöst. Spindelfasern entstehen. In der Metaphase der Mitose sind die Chromosomen in der Zellmitte in einer Ebene angeordnet und mit den Spindelfasern verbunden. Während der Anaphase werden die Zwei-Chromatid-Chromosomen getrennt und je eines der beiden Chromatide gelangt mithilfe der Spindelfasern zu einem Pol der neu entstehenden Zellen. In der Telophase erfolgt die vollständige Trennung durch Membranen. Zwei erbgleiche Zellen sind entstanden.

7.1 Gen - Genprodukt – Ausprägung von Merkmalen
Fortpflanzung und Entwicklung: Durch Fortpflanzung vermehren sich Lebewesen und dadurch wird ihr Fortbestand gesichert. Bei der Fortpflanzung werden Erbanlagen (Gene) weitergegeben. Gene enthalten Informationen, die die Entwicklung und die Ausbildung von Merkmalen eines Lebewesens beeinflussen. Verschiedene Zuchtsorten der Gauklerblume haben eine unterschiedliche Blütenfarbe. Die Ausbildung der Blütenfarbe hängt von bestimmten Genen ab.
Information und Kommunikation: Innerhalb eines Organismus werden Informationen ausgetauscht und weitergegeben. Von großer Bedeutung für jedes Lebewesen sind die Informationen in den Genen. Gene enthalten Informationen für die Herstellung spezifischer Proteine.
Steuerung und Regelung: Viele Zustände im Körper eines Lebewesens werden gesteuert oder geregelt. Die Synthese des Blütenfarbstoffs der Gauklerblume verläuft über mehrere Stufen, deren Stoffwechselreaktionen von jeweils spezifischen Enzymen als Genprodukte katalysiert werden.

8.1 Meiose - Bildung der Geschlechtszellen
Fortpflanzung und Entwicklung: Durch Fortpflanzung vermehren sich Lebewesen und dadurch wird ihr Fortbestand gesichert. Bei der Fortpflanzung werden Erbanlagen weitergegeben. Meiose ist der Vorgang zur Bildung der weiblichen und der männlichen Geschlechtszellen mit einfachem, haploiden Chromosomensatz.
Variabilität und Angepasstheit: Unter Variabilität versteht man die Veränderlichkeit von Merkmalen, die zu Vielfalt führt. Die Meiose führt zur Neukombination der Erbanlagen, sodass alle entstehenden Geschlechtszellen untereinander nicht erbgleich, sondern erblich verschieden sind. Meiose trägt ganz wesentlich zur genetischen Variabilität bei, die für Lebewesen mit sexueller Fortpflanzung typisch ist.
Information und Kommunikation: Von großer Bedeutung für jedes Lebewesen sind die Informationen in den Genen. Bei der Paarung der homologen Chromosomen in der Prophase I der Meiose kann es vorkommen, dass einzelne Abschnitte der Chromosomen durch Crossing over ausgetauscht werden. In der anschließenden Metaphase I und Anaphase I werden die väterlichen und die mütterlichen Chromosomen zufällig auf die Tochterzellen verteilt. Die Informationen der Gene werden neu kombiniert.